创新设计之道

改革创新项目的实战方法

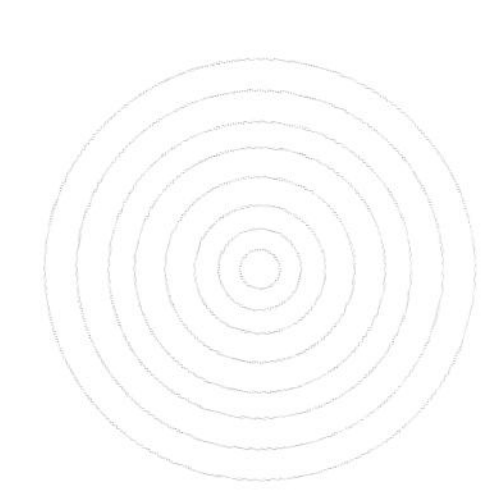

[日]横田幸信——著

杜慧鑫 潘赵丹——译

華中科技大學出版社
http://www.hustp.com
中国·武汉

图书在版编目(CIP)数据

创新设计之道：改革创新项目的实战方法 /（日）横田幸信著；杜慧鑫，潘赵丹译.
—武汉：华中科技大学出版社，2020.6
ISBN 978-7-5680-6109-4

Ⅰ.①创… Ⅱ.①横… ②杜… ③潘… Ⅲ.①企业管理－项目管理 Ⅳ.①F272

中国版本图书馆CIP数据核字(2020)第075174号

创新设计之道：改革创新项目的实战方法
CHUANGXIN SHEJI ZHI DAO: GAIGE CHUANGXIN XIANGMU DE SHIZHAN FANGFA

[日] 横田幸信 著
杜慧鑫 潘赵丹 译

出版发行：华中科技大学出版社（中国·武汉）
武汉市东湖新技术开发区华工科技园
电话：(027) 81321913
邮编：430223

策划编辑：贺 晴
责任编辑：贺 晴
责任监印：朱 玢
美术编辑：张 靖

印　　刷：武汉精一佳印刷有限公司
开　　本：880 mm×1230 mm　1/32
印　　张：6.5
字　　数：158千字
版　　次：2020年6月 第1版 第1次印刷
定　　价：59.80元

投稿邮箱：heq@hustp.com
本书若有印装质量问题，请向出版社营销中心调换
全国免费服务热线：400-6679-118 竭诚为您服务

INNOVATION PATH

前 言

想要开拓新市场就需要有关于新产品、服务或者商业理念的全新方案，并付诸行动加以实现，本书介绍的就是这种“改革创新项目”的推进方法。本书介绍的方法论是以作者在进行改革创新教育及研究活动的东京大学 i. school[①]和进行创新咨询活动的 i. lab 工作期间的所见所闻为基础的。本书不仅介绍创新思路的方式方法，更以迄今为止的改革创新和经营管理方式的整体观念及要点为基础，阐述从创新到实现的实践理论，极具前瞻性，这也是这本书的特点所在。

为什么现在需要学习创新，需要在聚焦未来工作变化的同时讨论创新，这也是第 1 章的主要内容。本章针对“改革创新 = 技术革新”的误解，列举具体事例并加以解释，另外还介绍了“破坏性创新”“蓝海战略”“设计思维”等创新经营理念的整体情况及演变过程，特别解释了“创新 × 设计”这种新的潮流风向。第 2 章主要就东京大学 i. school 的创新教育课程，列举事例进行解说介绍。同时，聚焦创新人才的必备要素和技能。想必这些内容对各位读者找到 5 年后、10 年后的成长目标会有所助力。第 3 章讲述了如何创新思路和想法，其中的方法论和过程，以技术、市场，乃至社会为起点，更包含了近来成为话题的设计思维等以人类为起点的研究，介绍其整体情况并解说相关课题和各种方法论的特点。此外，还

---

① 东京大学 i. school 已于 2017 年独立为“东大发创新教育计划 i. school”(東大発イノベーション教育プログラム i.school)。

介绍了在东京大学 i. school 了解到的其他组织的优秀事例，以及在 i. lab 实践的方法论。

第 4 章介绍了在改革创新项目的后半程整合方案的方法，即对评价方法、选拔方法和提高品质进行重点阐述。诚如第 3 章所介绍的，创新思路的方法论有很多，但是如何在项目的后半程严格落实并实现，一般的方法论中是几乎没有这些内容的。我还将自己亲身实践的整合方法和过程步骤作为能活学活用的具体事例，在第 4 章进行了介绍。第 5 章介绍了 i. lab 与各种领域的客户开展的项目案例。优秀的建筑师可以通过分析其他建筑师设计的建筑得到很多启示。改革创新项目也需要从整个社会中学习其他案例，逐步提高品质。所以，介绍案例时我尽量放大了在 i. lab 所参与的项目的特征，使读者也能注意到其通用性，进而将其广泛应用。最后，第 6 章讲到了如何在大型企业的改革创新项目中做出成绩，针对这一问题，我将经营管理方式从“过程设计”“组织体制”和“人才”三方面进行阐述，让不同层面的读者，不管是公司经营层还是管理层，或者是普通员工，都能有所受益，这就是我写作本书的初衷。

希望本书能帮助大家在充满挑战和创造性的创新之路上奋勇前进。

目 录

第 1 章 紧跟创新的新潮流 9

需要充分认识和理解的主题——你为什么需要学习创新？ 10

你未来的工作会如何——带有目的意识的创造性和多样的协调性将成为关键 12

今后是以人类为中心的时代——远离“改革创新 = 技术革新”的误解 14

值得关注的创新必读书籍——从破坏性创新到设计思维 18

创新 × 设计的热潮——运用设计和设计师的思维过程 29

大型企业也有掀起创新热潮的可能——不是只有新兴企业才有好创意 33

如何提出方案——扎根于日本文化的新理念是创新的种子 35

第 2 章 为了培养创新型人才——东京大学 i. school 的事例 41

东京大学的创新教育项目“东京大学 i. school”——五大哲学 42

创新人才须具备的要素和能力——积极性、思维方式、技能 52

“发现价值的能力”和“实现价值的能力”——创新型人才应具备的能力 57

作为专家应具备的能力水平和层次，以及对职务的想法

——所谓勇者斗恶龙式、HP 和 MP、职业 59

第 3 章　想要提出与现有事业不同的理念　65

整理、评价能够提出新方案的方法论——创新的关键在于设计经营的过程　66
提出新方案的四种途径——“技术”“市场”“社会”“人类”　68
四种途径各有所长、各有所短——使用时须灵活搭配　73
理解目的和手段的关系——没有新意的“目的”或“手段”只能生产仿冒产品　80
创造一个能够提出新方案的“机会领域”
——作为中间地带有益于指出思考的方向　82
启发性较强的四种方法论和过程——使用场景不同却能通用　87

第 4 章　整合方案，提高品质　105

归纳整合阶段才是最具创造性的——此过程需要极强的创造力　106
市场机会预测案例 1　日本大型停车场运营公司“Times 24”的 24 小时停车场　129
市场机会预测案例 2　咖啡店与便利店的关系　130

第 5 章 改革创新项目的设计和管理案例	133
在 i. lab 经手的项目案例——参与设计过程和提出方案	134
三菱重工集团案例：开拓新领域——让城市供水基础设施建设焕然一新	135
LIXIL 事例：展望研究开发任务的前景，未来的生活和居住将以人类为出发点	145
汽车行业相关企业案例：以未来社会将出现先进技术为前提洞察民众需求	154
SCSK 案例：公司内部进行“inowan”金点子大赛	167

第 6 章 让改革创新项目展现成效的方法	171
新老业务之间经营管理方式的区别——如何制定创新计划，确定发展战略？	172
是否该为拓展新业务设立部门——认识到管理方式的本质区别了吗？	176
建立改革创新项目的模型——将员工的积极性作为重要因素	178
成功的三要素：过程、体制、人才——“超级明星”都是靠自己的力量成功的？	180
创新过程的设计窍门——首先要学会享受极具创造性的过程设计工作	181
应该如何实现过程体制——目标指标是什么？	183
引领改革创新热潮的人才——项目经理、项目负责人、项目成员的行动特性	188

结　语	195
参考资料	197
作者简介	203

第1章

紧跟创新的新潮流

需要充分认识和理解的主题
——你为什么需要学习创新?

在讲述改革创新项目之前，想先问问大家，现在你为什么需要学习创新?

在整个社会生活和企业活动当中，创新的必要性已是老生常谈。但是我现在需要大家思考的是，在认同这个社会风向标的同时，为什么你需要读这本有关创新的书，并且学习创新呢?

我们先来说说在未来你会过怎样的生活吧！比如在2030年，你会住在哪，多大岁数了，你的妻子（丈夫）、孩子、父母都多大了，你以什么为生?尽量考虑得具体点。

其次，在这样的生活中，你的“工作”是什么?与现在的工作内容和工作方法相比，相同点和不同点分别是什么?展望2030年，关于你的工作内容和工作方法，希望大家能充分认识并理解两方面的内容。这也是我自己的强烈感受。

第一个是智能。在2030年，毫无疑问的是会有高于人类智慧的事物诞生。比如美国IBM公司开发的人工智能系统沃森（Watson）。2011年，沃森参加美国著名的问答节目“Jeopardy!”，通过两轮比赛获得了最高奖金，并且战胜了人类挑战者。（参考资料1）（见第195页“参考资料”，后略）

得知这个消息后，我并没有对人工智能的知识储备量和检索能力感到惊讶。因为就计算能力和知识储备来讲，肯定是计算机更胜一筹。但是像题目内容和出题方式这些本应由人类主导的交流形式，计算机居然大放异彩，这实在令我倍感意外。

此外，在电视节目等追求较高娱乐性的场合或者在日常交流当中，人工智能依然能彰显其存在感，这也是让我惊讶的地方。在这之后，人工智能还与高段位的象棋手、围棋手进行对战，不仅能使人们在茶余饭后娱乐一番，而且能使人们颇为关注比赛结果。渐渐地，人工智能的社会存在感已经发生了质的变化。人工智能的能力在不断提升，它已能自然地融入人类的思维交流当中。那么 2030 年会是怎样的呢，这些又给了我们怎样的启示？

第二个是身体方面的。在制造车间里，通过编程运用机械臂的操作已十分广泛。最近，随着“机器学习”技术的发展，机器人通过观看人类的实际操作进行模仿学习已经趋于可能。因此，编程作业将渐渐不再被需要。这在讲智能的时候也说到了，在提升技术能力的同时，机器人与人类思维的距离也更加接近，因此，也越来越受到关注。今后，想必工厂的制造车间会积极投入这些能够任意模仿人类的身体动作并且认真工作的机器人吧！

展望 2030 年，企业、组织乃至整个社会会怎样，我自己的工作会怎样，这时候我就特别关注之前说到的智能和身体能力这两个方面。

大家知道英国牛津大学的副教授迈克尔・奥斯本（Michael A. Osborne，以下皆称奥斯本副教授）吗？奥斯本副教授是人工智能也是社会学的研究学者，他通过分析从 2013 年开始的 10 年间美国境内的哪些职业将有可能被人工智能所替代，在其论文《雇用的未来》中列出了即将消失的职业清单。（参考资料 2）

虽然该论文并没有积极考虑在身体方面被机器人替代的可能性，但是已指出今后将有大量的职业被计算机替代。之前被认为专业性较高的职业，比如白领商务人士们的工作，也在将被计算机替代的职业清单之列，并且排名较靠前，这在一些书籍和新闻网站上一度成为话题。根据此研究结果，希望大家特别留意这一观点，即特定职业的劳动内容在“技术上可否进行替代”。即使在技术上可以替代，在法律层面及社会一般观念上不被接受的可能性也较大。但是即便如此，我们也不能忘了一点，那就是“技术上的可替代性”。

以此研究结果为基础，2015 年日本野村综合研究所与奥斯本副教授针对日本国情，就该论文的内容再次进行了调查研究，我也有所参与。野村综合研究所认为，除了智能方面，在身体能力方面，机器人的技术进化也应被纳入考虑范围。根据该研究结果，到了 2030 年日本国内半数以上人员的工作可以被人工智能和机器人技术所替代。（参考资料 3）

仅仅在 15 年后就可以做到在技术上替代当今日本职业人口的一半，这实在是让人感到震惊的结果。

你未来的工作会如何
——带有目的意识的创造性和多样的协调性将成为关键

根据目前为止介绍过的宏观课题和研究结果，再试着想象一下 2030 年的你从事着怎样的工作。在 2030 年，你还和从前一样，作为商务人士，基本上干着一个正常人能做的事，但为了提高工作价值，你需要从现在开始正确把握自身的特长，并且为了能使其充分发挥还需要积极做好一切准备。人工智能和机器人的话题、在东京大学 i. school 和 i. lab 的争论，以及 2015 年同野村综合研究所一起做的关于未来职业的研究等，这些让我确信，我们人类擅长的能力还剩下两种。

第一种，带有目的意识，发挥创造性，将成为重中之重。不要仅仅提出一些常规的想法，“这里有社会性问题，我想试着解决”，“我的价值观让我有了提供这种产品和服务的想法”，我们需要的是发挥主观能动性的创造力。2014 年夏天，在东京大学举行的“TEDxTodai”（现称 TEDxTokyo）活动中，我发表了有关“创造性”和“创新”的讲话。（参考资料 4）

当时，我对负责翻译我的说话内容的人员提出了要注意的要点，翻译“创造性”时，请务必译成“带有目的意识的创造性”。因为没有目的意识的创造性将在不远的将来被人工智能所替代，为此我特别强调了这一点。在进行创新活动时，想想你希望这个社会变成什么样，你自己、团队甚至公司是为了什么在奋斗，诸如此类就是创新努力的方向，事先找到方向、设定目标是非常重要的。而决定方向的技能和处理问题的能力，可以说是非常难掌握的，希望可以在本书中做进一步探讨。

第二种能力，就是通过与他人协作提高价值，这里的“他人”指的是那些与自己相比有其他能力和经历的人。这也就是所谓的“合作”，不过“合作”不仅是分工合作，而且是目标一致努力提高工作价值的协作。此时，合作者之间必定会产生非常细腻而复杂的交流，处理问题的能力和手段也不尽相同。因此，合作者之间应该尊重彼此的不同之处，在专业性知识和工作经历上做到互补互助，在将来的任何未知困难面前都要团结一致，共同进步。协作时，有时候一个眼神就能传递重要信息，这样也能使彼此更加信任对方。

人有时候会犯“错”，比如无意中说一些不着边际的话和玩笑，甚至是完全无关的失误或者偶然事件等，但就结果来说，这些意外往往能提高工作价值，解决关键性问题。在合作当中，细腻的言语交流和巧用偶然性是非常必要的，即便是到了 2030 年，人工智能和机器人工程学也无法简单替代这些能力吧！

哪些工作可以活用这两种人类擅长的能力呢？在实业当中，应该就是对新产品和服务提出创造性想法或者事业开发等与创新相关的工作吧！现在你可能会认为与创新相关的工作好像只是有点特殊，但是想象到了 2030 年，这难道不会成为商务人士的王牌业务吗？这也是我会问大家“为什么你现在应该学习创新”的初衷。

现在有各种各样关于创新的书，在这个大环境的流行趋势影响下，我们容易忽略学习创新的意义。但是，还是希望大家“包括自己在内”能充分认识到现在学习创新的必要性，并且针对今后的工作充分活用本书，带着目的意识读下去！（图 1）

今后是以人类为中心的时代
——远离“改革创新 = 技术革新”的误解

本书已经好几次提到“创新”这个词了。在此，想就创新的“定义”和这个词所代表的领域，再次举例明确。

大家从“创新”这个词会想到怎样的产品和服务呢？到底什么是创新，希望大家先考虑这个问题。我在企业和大学里演讲时，每次提出这个问题后都会收到这样的回答：苹果公司的“iPhone”、Facebook 的“SNS”、丰田汽车的“普锐斯”等。本书会介绍创新的定义，但是不会给某种特定的产品或者服务是否是创新设定明确的界限。请各位读者按自己的标准各自定义，并适当发挥想象，“哦，原来这东西就是创新”，从而进一步了解本书的内容。

创新的定义有很多。语言本身就是在人们的共同理解下而产生意思的，因此，这里就引用“Wikipedia”上的定义，毕竟上面的内容会不断更新、精进，

人类作用的要点

1

带有目的意识的创造性

CREATIVITY WITH DIRECTION

2

与他人协作提高价值

COLLABORATION

图 1　人类未来的工作

是集体智慧的结晶。

创新指的是事物“新的结合方式”“新的办法”“新的切入点”“新的处理方式”“新的活用方法”（创造行为）。创新容易被误解成发明新技术，但它指的不止于此，更意味着用新想法创造具有社会意义的新价值，还会带来个人、组织、社会的自发性巨大变革，给社会带来重大变化。也就是说，创新指的是对迄今为止的事物、计划等采取全新的技术和处理办法，创造新的价值，引发社会巨变。（参考资料 5）（2016 年 6 月 25 日）

虽然语言有点晦涩难懂，但是我不仅阐述了创新这个词的含义，还一并解释了大家的误解，相信应该足够大家使用了。这个定义中特别重要的一点，就是创新并非意味着“发明技术”。之前报纸和书上常有“创新（= 技术革新）”的字眼，不过现在已经少了很多了。如果仅仅把创新解释为技术革新，那么其带来的可能性就会大打折扣。现在的日本企业，特别是生产厂家，还在不断回味在经济高度成长期生产领域技术革新的成功经历，殊不知作为创新领域的风向标，也就是在活用设计师和以人类为中心的方法论的导入方面，已经远远落后于世界水平。的确，很多时候技术革新可以带来创新，但创新事物的逐渐增多并不一定是技术革新带来的。

比如任天堂的游戏机“Wii”、社交网络工具“Facebook”、打车小程序“Uber”、个人之间提供房屋出租服务的平台“Airbnb”、苹果公司的“iTunes”等，像这样在社会广泛普及，并且市场评价较高的事例不胜枚举。以人类为中心的创新这种说法，也有用设计思维和《设计力创新》（罗伯托·维甘提著）（参考资料 6）来解释的。（图 2）

“创新 = 技术革新”的误解与认为开发新产品、服务的立脚点仅涉及技术开发有关。不仅如此，在当今市场必要的商业模式自我更新和用户平台搭

图 2 创新类型

此图是作者以 2009 年 8 月 18 日的日本经济报《经济教室》内容为基础所制的。

建上，这个误解还剥夺了日本企业加强考察调研的机会。在日本，创新不仅意味着技术革新，还意味着立足于其他要点提出新想法，或是随着新普及的商业模式给社会制作新方案，如今，这个重新洗牌的时刻已经到了。

对于一直以技术为中心发展至今的日本企业，作为补充概念，向其灌输"以人类为中心的创新"理念及方法论，使之扎根于个人和组织的思维当中，这是比较有效的。这些方法论的本质就是"以人类为中心"，它是一种存在于以技术为中心和互补关系之中的思考方法（方法论）。以技术为中心、以人类为中心这两种方法并不矛盾，也不敌对，需要将两者看成一种相辅相成的关系，我们会在第 3 章进行具体论述。在开发新产品、新服务时，并不是说当以技术为中心的思考方式进入瓶颈时，换成以人类为中心就能豁然开朗。争论两者哪个更好、更适合，也是没有意义的。我需要再次强调一下，对产品和服务进行创新时，如果只考虑技术方面，可能会陷入窘境，这时可以回想一下创新这个词的本源，回到原点，重新出发，在增强对人和社会的洞察力方面多下功夫。（图 3）

值得关注的创新必读书籍
——从破坏性创新到设计思维

为了具体深入了解创新这个词的含义，我向大家介绍一本我心中的经典著作，这本书里载有最能准确阐释创新一词意义的事例。书名叫作《发明、发现的秘密》（由学术研究社出版）（参考资料 7），是一本儿童漫画类读物。

每次出版这本书的内容都会发生一定程度的变化，里面大约讲述了 50 种发明，以及它们的发明者和发明产品时的秘闻，都是用漫画形式讲述的。

图 3　思考新方案时，需要综合考虑技术信息和个人需求信息

想必有不少人是读着这本书长大的吧！在有关创新的演讲和学术会议上，我有时会问在场的有多少人读过这本书，结果大概只有 5% 的人读过。可能因为它是儿童类读物，怕说出来被大家笑话吧！但是有关创新的定义及其产生机制，其本质都能在这本书中得到很好的诠释。

《发明、发现的秘密》中有哪些发明小故事呢？

这本书里记载了碗装方便面和书包、飞机、三明治、下水管道、茶包、X 射线照片、奥运会等小故事。书中介绍的创新事例与我所理解的创新含义十分接近。不过有些读者可能会觉得别扭。因为三明治的发明故事里并没有提到技术革新，所以对于将创新与技术革新画等号的读者来说，这一点可能就是让他们感到别扭的原因之一吧！

为了让读者朋友们进一步明确创新一词的定义，我想通过三明治的故事来阐述。三明治的发明经过也是通过漫画来讲述的。三明治伯爵非常喜欢玩扑克，为了不间断地玩扑克游戏，他对手下人说："把肉夹在面包里拿上来吧。"这就是三明治诞生的契机，同时也是三明治这个词的由来。由此可以看出，在三明治出现之前，大概人们需要坐着，用两只手来拿食物，不能边吃边干别的事。但是三明治的出现打破了这一常规，不仅可以边吃边干，还能一边吃一边来回走动。这直接改变了人类的进食习惯。那么对于三明治的创新该如何评价呢？三明治的诞生并没有伴随着技术上的革新，但却改变了人类的行动习惯和固有观念，历史上这样的例子还是有很多的。

茶包的出现也是如此。在发明茶包前，即使一个人喝红茶也要泡很多人份的茶叶，充满了仪式感。茶包的出现让独自品茶成为可能。跟三明治一样，茶包也是由于人类的行动习惯和价值观发生改变而产生的，这可以说是以人类为中心的创新事例之一了。

这本漫画读物中还记载了下水管道的发明，不过下水管道既不是产品也不是服务，而是社会性的城市基础设施。确实，仔细想想，下水管道的存在使我们的日常生活，如做饭、洗澡、卫生情况等发生了巨大变化。还有，在奥运会的概念出现之前，国与国之间的竞争要点究竟是什么？除了经济竞争和军事力量竞争，更应该保有运动、和平、健康方面的竞争理念。对照一下 Wikipedia 上的解释，以上所介绍的这几个发明可以算得上是创新吧！这本书是我小学 3 年级的时候，我母亲送给我的礼物，至此之后，它也成了我心中的创新经典之作。

除此之外，我还想介绍另外两本被称为创新经典且比较有用的书给大家，对大家有一定的参考价值。当然，即使不读那两本书，也可以无障碍地继续看我的这本书，不过看了那两本著作后，对我的课题认识和本书的实质内容想必会理解得更加透彻。

为什么说创新难

想必很多对创新有兴趣的人都知道《创新者的窘境》（翔泳社出版）（参考资料 8）这本书吧！《创新者的窘境》为美国哈佛商学院教授克莱顿·克里斯坦森所著。假如要说出三位在创新管理学领域颇有声望的专家的话，那一定会提到克里斯坦森教授。这本书不仅介绍了倾听客户意见、追求无限创造力的大型企业的创新面貌，还分析了为什么创新难，为什么最后往往是创业型公司抢占先机。此外，还通过导入“持续性创新”和“破坏性创新”的概念，从管理学的角度阐释两者研究的区别和界限，是一本非常不错的书。

《创新者的窘境》中还讲到，在某种产品的市场竞争中，企业为了提升收益而抬高产品单价，或者排挤其他公司的产品以增加自身产品的市场占有率，势必会在产品的技术性能上下功夫。因此，从市场整体来看，一般来说，时间越久，特定产品的性能就越强。图 4 的实线表示随着时间的推移，产品性能逐步提升的趋势。克里斯坦森教授把这种趋势定义为“持续性创新”。对用户来说，产品的价值种类是不变的，变化提升的是作为提供手段的产品性能。我不知道大企业的研究开发是否有这方面的意图，但持续性创新应该就是他们的目的所在吧！

同样如图 4 所示，我们用虚线表示用户日益提高的需求标准。可以看出，企业根据用户的需求标准保证产品的性能和品质，但到了一定时候，市场所提供的性能标准已经超过用户的需求标准，呈现“满足过剩”的状态。在这种情况之下，依然有人愚蠢地倡导要倾听用户需求，即便超出期待值也仍要生产“更高性能的产品”，企业也在性能提升的路上勇往直前。如果参与者只有企业和用户，那么这种“满足过剩”的状态可能在会在某个时间节点上消失，也就是说性能标准会恢复到正常水平。但如果再加上竞争者，那么为了战胜对手，就产生了提升产品性能的动机。《创新者的窘境》中列举了很多行业和产品的事例，并进行了说明，多是关于持续性创新和“满足过剩”的发生机制的。

除了持续性创新，书中也解释了“破坏性创新”的发生机制。克里斯坦森教授认为，“破坏性创新”是将与现有产品价值标准完全不同的产品或服务引入市场，它们常常是比较简单、更加便捷与廉价的。

我们身边就有关于破坏性创新的例子，比如国际电话市场的变化就是一个正面事例。现在，我如果要跟国外的人通话，第一选择就是 Skype。我不知道大家用的是不是 Skype，不过广义上来说，运用网络技术来通话聊天应该已经是第一选择了吧！但是在网络通话技术出现之前，基本上都是用现有

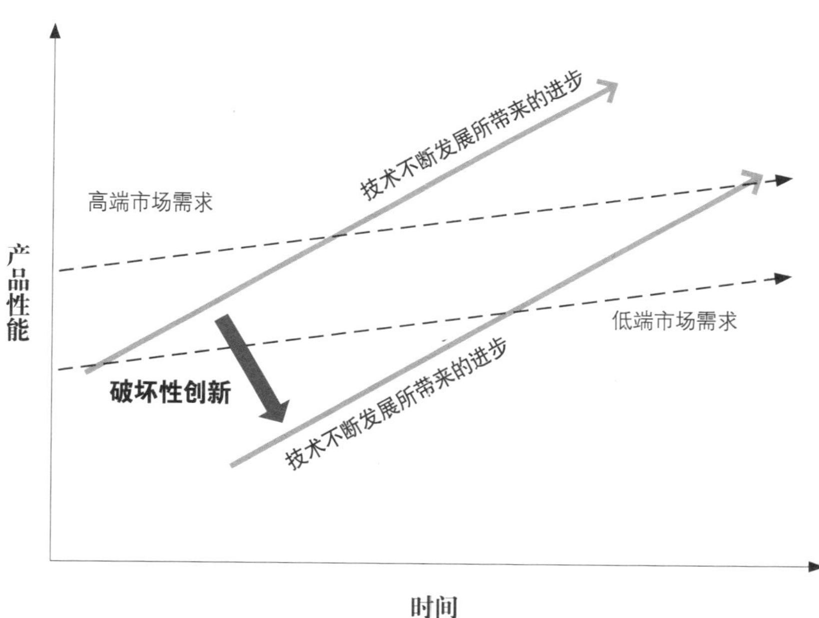

图 4　持续性创新和破坏性创新的发生机制

根据《创新者的窘境》（克莱顿·克里斯坦森著，翔泳社出版）所绘。

的电话线路来通话的。比如 NTT 等电信电话公司就是当时的业界翘楚，它们也一直遵循着持续性创新的步骤前进，旨在提供更高品质的服务。

但是，殊不知用户的需求满足标准下却出现了别的事物，这就是以 Skype 为代表的网络通话服务。我自己也是 Skype 的用户，Skype 刚出来时声音质量并不好，加上使用者本就不是很多，开始通话前，还需要对方下载安装 Skype 的 App，可以说与期待值相差甚远。但是随着通话性能的不断提升，且在一定程度上得到普及后，即使是朋友间的简短对话也会想着“用 Skype 就好了”。在“满足过剩”的用户居多的国际电话市场当中，当某一特点得到放大后，一直使用电话通话的用户就会集体转用 Skype。与电话相比，Skype 的性能较低，但是它廉价、简单，而且能视频通话，与仅仅只能听到声音的电话通话相比，它能带来不同的体验。克里斯坦森教授将此类创新的发生机制称为破坏性创新。

电信公司曾经是打开国际电话市场的创新者，但它们一直固执地追求听取用户意见，进行增强性能的持续性创新，殊不知新兴企业 Skype 已经异军突起，市场规则被重新洗牌，最后电信公司只能面对用户流失和“破坏性创新”带来的不利局面。这就叫作“*The Innovator's Dilemma*”（《创新者的窘境》原著标题）。

继《创新者的窘境》之后，克里斯坦森教授又推出了一系列创新力作，比如《创新者的解答》（参考资料 9）、《创新者最后的解答》（原英文书名 *Seeing What's Next*）（参考资料 10）。在这两本书里，克里斯坦森教授把之前介绍过的破坏性创新分为“低端市场破坏性创新”和“新市场破坏性创新”进行论述。“低端市场破坏性创新”指的是新兴企业通过与有着高市场占有率的大型企业群体对抗时，用低成本的商业模式争取那些“需求满足过剩”的客户。“新市场破坏性创新”并不需要和大企业们竞争，而只需要针对那些尚未消费的客户，即向“尚未消费”的用户们提供新颖的产品或服务，“新市场破坏性创新”的目标是开拓新市场，而不是抢夺用户。（图 5）

在这里，我想说明一下“低端市场破坏性创新”和“新市场破坏性创新”的区别。“低端市场破坏性创新”的目标群体是那些需求满足过剩的客户，只要价格低廉，即便产品性能较低，这个客户层往往也会欣然接受。因此，“低端市场破坏性创新”旨在争取市场原有的客户群体，而不是开发新市场。“新市场破坏性创新”就不同了，其目标群体为那些虽至今未涉猎现有的产品和服务，但为了获得更好的生活体验愿意花大钱、找专家的人，可以将这类群体定义为尚未消费的客户。创造出至今没有的新价值，将其带给顾客，发展自己的事业。最后在争取尚未消费客户的过程中，新市场就应运而生了，这就是新市场破坏性创新。（图 6）

近年来最受关注的并不是“持续性创新”，而是“破坏性创新”中最后提到的“新市场破坏性创新”。说到“新市场破坏性创新”的案例，前有 Sony 公司的随身听（Walkman），现有 SNS 领军企业 Facebook 等。前者的出现使边走边听音乐成为现实，给人们带来了新的生活体验，而后者则强调并放大了由人与人之间的联系而衍生出的价值。

备受关注的设计思维

接下来，针对如何开展新市场破坏性创新，我想介绍一本以“设计”为切入点提出解决方案的书，叫作《创新的艺术》（早川书房出版）（参考资料 11）。

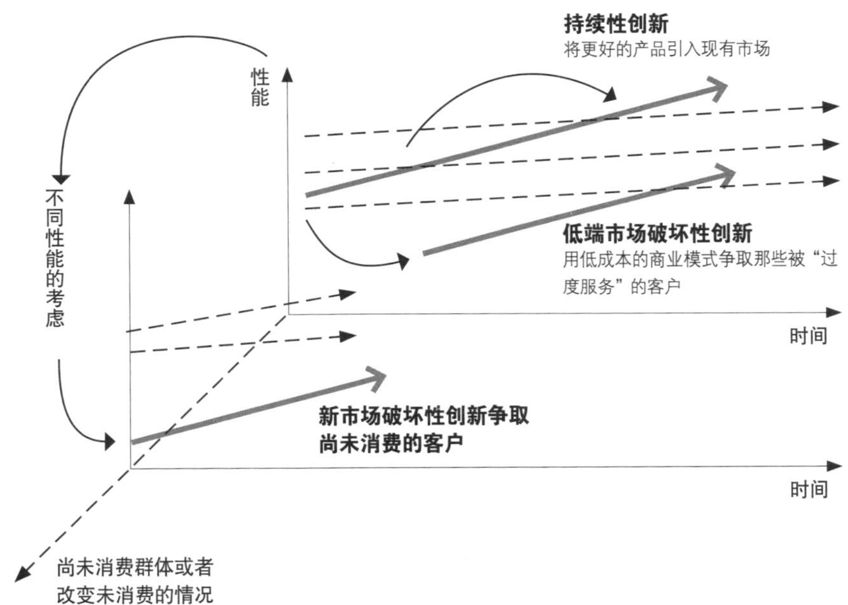

图 5　新市场破坏性创新的定位

根据《创新者的解答》（克莱顿·克里斯坦森、迈克尔·雷纳著，翔泳社出版）所绘。

对比项目	持续性创新	破坏性创新	
		低端破坏性创新	新市场破坏性创新
主体	大型企业现有的事业部	新兴企业或大型企业新设立的事业开发部	新兴企业或大型企业新设立的事业开发部
竞争、对抗的性质	大型企业之间的竞争	大型企业与新兴企业的对抗	大型企业或新兴企业争取尚未消费的客户群体或者尚未有消费机会的群体
代表性的方法论、战略方针等	《竞争战略》中的高附加价值和低成本化；“设计思维”中的提升感性认识和体验值等	《创新者的解答》中的破坏性创新；根据“逆向创新”思维生产规格虽低，但有新用途的产品等	根据《蓝海战略》提出的新方案；“精益生产”理念下的拓展顾客发展战略；通过“设计思维”发现新价值等
关键任务	收集客户需求，提高现有产品性能	代替先进技术的探索、开发	机会领域的探索、开发；建立产品或服务体系；形成用户团体

图 6　创新发生机制的类型与特征

这本书由美国著名创新设计咨询公司的副总经理汤姆·凯利首次根据 IDEO 提倡的创新方法论“设计思维”撰写而成。2015 年日本已有大量设计思维方面的书出版，但提出这一方法论的是 IDEO。在创新管理学领域，汤姆·凯利，还有之前提到的克莱顿·克里斯坦森教授，都属于世界上最具远见的人。而且汤姆·凯利在设立东京大学 i. school 时就是顾问委员会的一员，并担任执行研究员一职，定期与 i. school 的成员们进行问题的探讨，并举办面向学生的座谈活动。已经有很多名家从各个方面介绍设计思维的通俗易懂及较高的自由度，不过我还是推荐这本《创新的艺术》，它能让你回归本源进行思考。粗略概括的话就是“不从技术的角度发散思维，而是用参与式观察方法观察用户”。“与用户达成共识，产生共鸣，才能想出适合的方案”，这也是我个人对这本书及设计思维的理解。

跟汤姆·凯利见面交谈后，我问了他一个问题：“为什么要一开始就用参与式观察法，这是重点吗？”他回答道：“参与式调查的目的就是与用户达成共识，产生共鸣。这是最重要的。”IDEO 的 CEO 蒂姆·布朗在哈佛商业评论的论文中也提到了这一点，实际上“与用户达成共识，产生共鸣”就是设计思维的本质所在。不仅在日本，在整个世界范围内都是如此，曾经，厂家的技术革新被认为是创新的主角，整个社会也几乎将两者画等号。生产者占据主导地位，因此他们也想当然地认为日常生活中的人们就是消费者。另一方面，将生活中的人们看成是产品使用者，并且带着敬意与大家交流，这就是设计思维的基础，也是我们大多数人之所以“感同身受”的原因。

很多人期待能将设计思维应用到之前讲的“新市场破坏性创新”中去。今后其真正的价值也会被不断探讨，就我自己来讲，我认为“与用户达成共识、产生共鸣”这一点看似简单，却是过去的创新方法论中欠缺的致命一环，而提出这一概念的《创新的艺术》一书，可以说是现代的“创新类经典著作”了。关于设计思维的优点和缺点等内容，还有方法论的解释和分析，将在第 3 章进行具体阐述。

设计思维带来的另一个重要概念，就是“设计”和“设计师”在创新中所发挥的作用。这里还想就创新 × 设计这个新潮流，包括其原委稍作解释。

创新 × 设计的热潮
——运用设计和设计师的思维过程

设计思维热潮盛行，最近越来越多地将设计和设计师的思维过程应用到以开发新产品、新服务为目的的项目中。另外，不仅仅依靠方法论，在开发产品、服务的准备工作阶段，即在确定产品理念和用户群时，设计师自身也参与其中。而且据我所知，中央政府部门和一些厅局机关在制定政策方案的过程中，也努力将设计和设计师的思维方式当作方法论和步骤灵活应用。

我虽然不是专业的设计师，但是在设计方法论和如何在创新过程中活用设计师思维上，我也有自己的理解。实际上，在我担任董事长的咨询公司 i. lab，会把员工按其专业分为商务、设计、工程学、调查四种类型。虽说是咨询公司，但是也要开门做生意，我认为懂设计知识、具有专业素养的员工是必不可少的，所以常有两三名设计专业的兼职员工。东京大学 i. school 的教育项目中也曾招募外校设计系的学生参加。

为什么设计和设计师思维在创新中必不可少，接下来我会一边追溯原委一边解释其必要性。

1986 年彼得・罗出版《设计思维》（参考资料 12）一书，首次使用设计思维这个词。这本书将城市规划和建筑领域设计师的思维模式标准化，并将其作为思考过程来研究，现在读起来也很生动、有趣，新鲜感十足。重要的不是专业技能，而是思考的过程。这本书中的"设计思维"与之前介绍的 IDEO 公司提倡的设计思维的定义稍有不同，这里指的是那些活跃于城市规划和建筑领域的设计师们的思考过程。在这本书中，这些无疑是重点。据彼得・罗所言，设计师要处理的问题分为"一目了然"和"概要不清"两类。比如数学上的联立方程式就是一目了然的问题。二元联立方程式中有两个未知数 X 和 Y，只要列出两个表示两者之间关系的方程式就能找出答案。也就是说，即便问题真实存在，只要遵循一定规律就能找到解决办法。彼得・罗把这叫作"一目了然的问题"。

而"概要不清的问题"通常是不明白有什么问题，也就是连课题是什么都不知道。按书中所说，设计上的问题多是这种"概要不清的问题"。事实上，不忽视概要不清的问题，并考虑如何去解决，对我们整个社会来说也是非常重要的，为了挑战这个问题，将设计师的思考过程广泛普及，使其在社会上广泛应用不是很好吗？这本书不仅介绍和解释了设计师的思考过程，还提出了在社会上被应用的可能性的愿景。它将现代创新和设计紧密联系起来，是一本非常重要的书。

接下来还想谈谈《蓝海战略》（参考资料 13）这本书。比起设计，这本书更偏向于商业方面。简单来说，这本书的主要内容就是："不采取迈克尔・波特所说的宛如在红海中血腥搏杀的竞争战略模式，而是开发新市场，犹如在蓝色海洋中自由畅游一般。"这个蓝海战略不仅在理论上强调红海战略的无意义性，还在实践中指出可通过导入思维框架和开展学习研究等获取公司内部意见，也可以通过研讨会的形式促使组织内部意见达成一致等。除了提供静态的思维框架，《蓝海战略》这本书还设计并介绍了动态思维过程，作为商业领域的方法论，在这一点上可以说是别具特色的。《蓝海战略》指出，不要一味地持续性创新，这样反而会在现有的市场中驻足不前，要试着寻找“新的价值”，即要把决战场地放到新市场当中去。可以将这些定位为克莱顿·克里斯坦森教授所说的“新市场破坏性创新”。

在 2005 年左右，继 IDEO 的《创新的艺术》之后，《蓝海战略》一书在世界范围内引起轰动。《蓝海战略》的作者之一是本部在法国的商学院 INSEAD 教授钱·金（W. Chan Kim），在创新管理学领域中，他与战略权威波特教授、创新之父克里斯坦森教授齐名，知名度很高。这本书最重要的一点就是以商业为切入点，提出创造新价值和开发新市场这两个关键词，并具体展示了其方法论。这些关键词和方法论在书出版 10 年之后的现在搭上了设计思维的顺风车，并在商业和设计的交叉领域占据重要地位。

这些书的成书背景正是创新和设计成为新潮流且被社会大众广泛接受之时。即便是在感觉略为落后的日本企业当中，利用设计和设计师的能力创造新价值、开发新事业的例子也在逐渐增多。特别是在 2015 年下半年，工厂类企业的创新活跃度特别高，2016 年度的制造白皮书，也介绍了很多与创新 × 设计相关的事例。（参考资料 14）

最后，关于创新的研究方法，与之前的主流——以技术为中心进行比较后，我整理出了以设计为关键词、以人类为中心的方法论特征图，如图 7 所示。比如厂商最看重、最擅长的就是用之前的方法论探索、开发先进技术，比起找到概要不清的问题，他们更愿意考虑如何满足客户的既定需求。比起使用感受，他们更注重产品性能，公司内部更有发言权的也是工程师和销售人员。

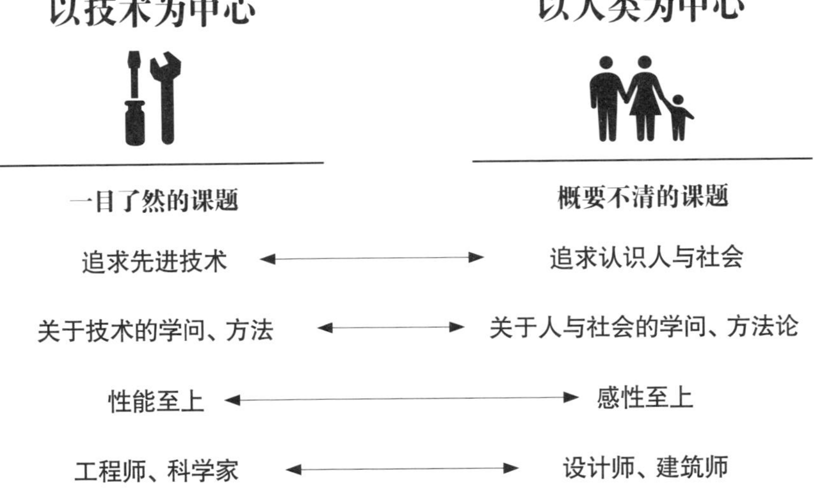

图 7 以技术为中心和以人类为中心的研究比较

而近年来颇受关注的以人类为中心的方法论，追求的是概要不清的、对人与社会的课题认识。比起如何解决，他们更注重课题的重新设定，比起产品性能，他们更看重使用感受。此时更有话语权的人就变成了之前一直活跃在其他领域的设计师和建筑师了。

大型企业也有掀起创新热潮的可能
——不是只有新兴企业才有好创意

谈到创新的社会范畴，人们会觉得创新是那些由年轻人发起的、追求快速发展的新兴企业的专利。的确，克里斯坦森教授在《创新者的窘境》中也认为，当下没有产品市场的新兴企业在破坏性创新中更处于优势地位，把创新与新兴企业画等号，我觉得也是可以的。很多人灰心地认为“大型企业不仅保守而且思想过于僵化，是没法进行创新的”。殊不知大型企业也是有机会的。

我对“大型企业的创新可能”是持肯定态度的，在此我想阐述一下理由。

我们先想想如何区分与创新相关的“有前景的创意”吧！是否为有前景的方案，多是通过对比“具有影响力”的两个要素——以现有产品、服务、商业模式来判断其“新颖性”，以及将给今后的市场和社会带来怎样的经济和社会效果，这“具有强烈影响”的两点来评价的。有这样一种假设，一个即便还在构思阶段的方案，如果不管从哪点来看都能得到很高的评价，那就说明就长期性而言它可能会对人类的行动和价值观产生不可逆的效果，只有这样的方案才能与创新产生联系。的确，现在即使对这两方面的评价都不高，但只要最后结果认为它是创新，它就可能在未来得到一定评价。但是为了在现阶段能更快捷、准确地区分是否为与创新相关的方案，我认为依据这两个因素而得到的评价更为有效。

在这两个因素的基础上，我想再介绍一下大型企业创新的可能性。在评价方案的质量时，是否具有新颖性和冲击力都是比较难评价的，因为大多数的大型企业，作为一个既定组织，在思想上难免保守，比起闻所未闻的创造性想法和行动，它更重视工作的效率。要辨别一个想法是否新颖，需要较高的分辨能力和理解能力。组织越大，其作决定的过程就越复杂，权限分配也极其分散，想要取得一致意见是非常困难的，所以具有冲击力的评价往往带有不确定性，只能是依附假设的推测而已。在提出大胆创意并在公司内部达成一致意见方面，新兴企业可能更有优势。

不过由于某些方法论和后援力量的驱使，大型企业内部也会决定采纳高水平、高影响力、有新意的方案。那么，哪些组织比较容易凭借创新带来社会性的影响力呢？比如在产品创意方面，能够调整技术方面的实现情况和生产方面的量产体制，并在市场流通计划上具备经验、资源和销售网络的，往往是那些大型企业。

尤其是那些极其新颖的方案，由于是第一次接触，企业或社会大众，必然会有意识地采取习惯性的、具有亲切感的方法进行尝试。在这一点上，比如家电类企业，如果有现成的流通网络，特别是在商店里拥有自己的贩售柜台，那无异于锦上添花。还有那些 B2B 企业，它们有着稳定的客户群体，如果在贩售普通产品的同时还引进新的创意理念，这无疑将会是它们的优势。换句话说，对企业也好，对社会大众也好，新颖度较高的方案，其流通体制和让人们接触的方式，如果是已知的且门槛低的，会更好。针对新方案，新兴企业打造流通网络时需要从零开始，但大型企业就没这必要了。这是非常大的优势。

从 2014 年开始，索尼公司有一个由平井一夫总经理直接管理的事业开发项目，叫作“SAP”（Seed Acceleration Program）。（参考资料 15）SAP 的主要工作是处理那些新方案在现有的事业开发部门无法被顺利推进、无法产品化的情况。在日本经济产业省主办的“日本风险投资大赛”中，SAP 以其突出的表现获得了 2015 年度的“公司事业创新”大奖。

有一部分人可能知道智能门锁“Qrio”（kyurio）（参考资料 16），它就是 SAP 开发研制的。包括销售思路和产品理念的构思在内，从制作试制品、构建销售模式，到给公司带来巨大收益，Qrio 只用了短短 7 个月的时间。据我所知，在 2012 年夏天就有一家硅谷的新兴企业提出了智能门锁的产品理念。但在后来的实际研发过程中，那家新兴企业无法攻克技术难关，最后并没有制造出能投入市场的产品。而索尼公司有非常成熟的制造技术和充分的实践经验，一旦决定生产智能门锁，7 个月就能制作出试制品，建立销售体制。这个例子也说明大型企业在创新方面其实是有优势的。具有新颖度和影响力的产品理念一旦得到组织的一致认可，通过现有的市场经验和渠道，活用品牌效应，比起新兴企业，大型企业可以更有效地为用户提供最新的价值体验。

如何提出方案
——扎根于日本文化的新理念是创新的种子

在最近的创新过程中，除了技术研究、产品开发和研发新设计备受关注，比这些更靠前的步骤，比如提出“边走边听音乐”之类的产品和服务“理念”，或者其他与此相适应的部分越来越受到重视，这在之前的论述中也有提及其原委。创新必不可少的“理念”究竟是什么，为什么现在如此重要？

我认为日本制造企业的弱点就是无法提出能够开拓市场的新理念。日本产品的技术和高品质是世界公认的。日本的制造技术非常高，获得了世界范围内的极高赞誉。比如说 iPhone5 一半以上的零部件都是日本制造的，日本的技术之高便可想而知了。（参考资料 17）

日本有技术和能力制造创新性的产品，现实是像“苹果”系列那样具有创新理念的产品却与日本无缘。日本企业缺少创新是因为它们更侧重于确保技术上的龙头地位，却忽略了社会大众的使用体验、行动变化和社会变化等问题。日本企业的问题是，在用户的使用体验、行动变化和社会变化上缺乏具有协调性、方向性的全局观念，而不是出在产品销售上。当“苹果”的那一刻想必很激动吧，“苹果”产品给用户带来的新鲜感绝不是献媚邀宠，我只感受到它强而有力的新颖感和创造力。

现在日本企业的目标便是将新理念推向世界。当下，比起欧美市场和中国市场，日本的市场可以说是很小的。欧美市场的规模是日本市场的 10 倍左右，而中国市场的容量有日本的 15 倍之多。从母语和通用语人口基数来看，这也是必然结果。但是日本人口也达到了 1.2 亿以上。如果仅仅将欧美的流行产品带到日本也是能成就一番事业的。但这只是拾人牙慧，即使成功了也容易半途而废，在不断加剧的全球化进程当中，更加无法预见长期性效益。面对有这种问题的现实情况，今后我们需要做些什么呢？简单来说，就是向整个世界发射创新理念的信号。之前也讲到了，日本的产业理念比较落后，今后为了能冲出日本，迈向世界，创新理念的输出是十分必要的。

而使日本企业能够立足于世界之林的应该就是扎根于日本文化的理念

吧！日本也有像丰田汽车、无印良品（良品计划）、LINE 等世界著名的企业。LINE 本来是韩国企业，但它的服务要旨和主营市场与日本密切相关，所以这里将其作为日本式创新加以介绍。这些企业的共同之处就在于它们的产业、产品和服务理念都深深扎根于日本文化之中。

2013 年世界汽车销售量已达到 1000 万台的丰田公司十分重视企业文化，在 1935 年就制定了“丰田纲领”。这是丰田公司的创始人丰田佐吉去世后，作为遗训，由丰田利三郎和丰田喜一郎总结而成的，现在仍将其作为丰田公司的原点沿用至今。其中的戒奢侈浮华，力求朴实稳健和提倡以公司为家的美好风范等都是日本式价值观的体现。1992 年制定的“丰田基本理念”也继承发扬了这一精神。这种精神在丰田汽车上得到了充分体现。旨在让与自然和谐共生的丰田普锐斯品质、设计值得信赖，能让家人安心使用；还有高端奢华与朴实稳健兼具的雷克萨斯等。此外，丰田销售员与顾客交流时宛如对待家人朋友一般，让人感觉美好，如沐春风。

截止到 2016 年 2 月，无印良品在日本国内有 312 家直营店，在其他 25 个国家拥有 344 家店铺。1980 年，作为日本社会消费的反命题，无印良品诞生了。没有品牌（无印），品质从优（良品），且生产过程简单、包装简洁，因此无印良品的商品长期受到大众喜爱。简单的外表下却蕴含着独特的美和价值观，这和茶道中的美意识，即茶道精神，是一脉相承的。现在除了日本国内，这种源于日本文化的美意识也已被国外民众所接受。

LINE 作为世界著名企业，自 2011 年 6 月推出以来，注册用户已超过 10 亿。LINE 与其他的 SNS 是不同的软件，那它究竟是什么呢？它的目标是加强平时关系疏远的朋友之间的交流，而并不是为了构建新的社交关系网络。LINE 的标志性功能就是“聊天表情贴图”，这也是为了使交流更加亲密、顺畅，当有些话无法用语言表达时，用漫画角色构成的这些表情包反而能顺利传达彼此的意愿，是一种非常重要的交流工具。比起与数量多、对象不定的陌生人建立联系，日本人更愿意加深与身边人之间的交流，这不就是日本式文化吗？为了加强与重要人士之间的交流，也为了使交流更愉快，内容更丰富，LINE 问世了，这无疑很有日本特色。

像这样享誉世界的日本企业，它们都有着根植于日本文化的理念。这种理念并不是从外面吸收的，而是慢慢培养孕育出来的。这在当今社会必不可少，在全球化市场下的创新战略中也占据重要地位。拒绝复制其他公司的既有理念，也不再继续生产其他企业产品的衍生物，将体现日本文化理念的产业、产品或服务展示在众人面前，正如之前反复强调的那样，我们一定要坚持下去。长此以往，必能立足于世界强手之林，受到大家的尊敬。

一个庞大的组织怎样才能构思出既新颖又具有强大影响力的理念呢？这是接下来的课题。这个课题没有标准答案，不过还是有比较合理的解决切入点的。我认为主要有三个切入点：①人才；②过程；③体制。本书的第 2 章就围绕人才这个话题展开讨论，第 3 章和第 4 章是讲过程的，第 5 章介绍了具体事例，而第 6 章则从经营管理的角度对之前的内容进行综合论述（图 8）。

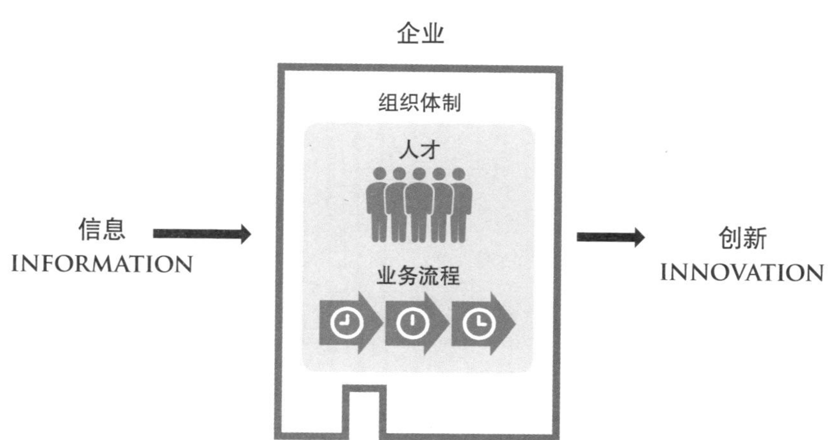

图 8 本书中创新、管理的观点

第2章

为了培养创新型人才

——东京大学 i. school 的事例

东京大学的创新教育项目“东京大学 i. school”——五大哲学

东京大学里有一个让学生学习如何开始创新的教育项目，叫作“东京大学 i. school”。（参考资料 18）

2009 年东京大学知识结构化中心内部设立了 i. school。当初的教育对象主要是研究生群体，但随着报名人数的逐渐增多，慢慢就成了一个给本科学生和博士生也提供适合课程的教育项目。

另外，赞助商也会派人参加创新学习，从年轻人到管理层都有。完成规定课程，获得学习成果认证后，无论学生还是社会人士都会收到由东京大学知识结构化中心颁发的结业证书。

面向本科学生的教育项目（i. school KOMABA）是有学分的，而面向研究生的教育项目（i. school）和面向博士生的教育项目（i. school EDGE）是不算学分的，跟最后获得学位（硕士学位和博士学位）也没有任何关系。面向研究生和博士生的教育项目虽然有结业证书，但是升级、毕业时既不算学分，又对获得学位没有直接帮助，全看学生对自己的未来是否定位清晰，奉行自愿原则。

i. school 里有五大哲学。

以人类为中心的创新

i. school 认为人类发明技术、建立社会体系和文化都是为了追求幸福生活，这些对每个人来说都是有价值的。为了延续这种幸福，我们需要的是真实、有全局观且建立在理解人类社会基础之上的创新能力。

由知识结构化引发的创造性思考

活用 i. school 提供的创造性过程和方法论，有助于在发现重要事实且理解它们之间相互关系的基础上产生创意，而非简单的灵感乍现。而且，这些过程和方法论在不同领域间的创新事业合作中，也能帮助统一思想，使交流更加顺畅。

创新需要培养新的领导能力

i. school 也是培养新型领导的摇篮。新型领导要能纵观整个社会和商界的动态，更要敢于挑战创造性课题并达成目标。有创新思维，且能和各个层级的利益相关者协作，实现改革目标，这是新型领导需要具备的能力。

将社会问题转化为创新的机会

现代社会需要考虑的课题有很多，除了歧视、贫困、民族纠纷、环境污染等严重社会负面问题外，还有全球变暖、出生率下降、老龄化、水资源不足、食物不足等现状亟待解决。i. school 会就上述个别问题展开讨论，但不提出解决方法。这更像是整体认识社会问题后，重新抓住创新的机会。

提供真实的体验

i. school 会提供大众采访和与企业合作的机会。真实的实践经验对提出创意大有裨益，对达到创新目的也事半功倍。

纵观整个创新之路，其实最难的就是从 0 到 1 的突破，也就是“提出创意”这一环，而 i. school 的教育目标就是完成这个突破。也就是在新的产品、服务、商业管理模式、社会体系方面提出想法和意见。在漫长的创新道路上，还有从 1 到 10，也就是将当初的想法“付诸现实”的过程。还有最后推向市场的过程和“扩大”的过程。再次强调下，i. school 的主要教育目的是教大家如何“提出创意”，实现从 0 到 1 的突破（图 9）。

i. school 是创新教育的关键词，与日本乃至世界各地的大学、企业都有联系，可以说是一个创新中枢般的存在。比如在 i. school 教学的并不仅仅是东京大学的老师，这里除了有国外先进合作大学里的研究学者、教育家，还有活跃在行业领域最前线的设计咨询公司的工作者等，这些人员的聚集使 i. school 成为世界最高水平的创新教育项目。i. school 已经设立 8 年了，与国内外有合作关系的大学和企业逐渐增多，与 Royal College of Art、Aalto Univ、KAIST ID、Stanford Inst. of Design (d.school)、HPI d.school、 Rotman School of Management、Indian Inst. of Tech、博报堂广告公司、日立制作所、日本综合研究所、Japan Innovation Network、未来中心研究会、PDD、IDEO、ZIBA 等都建立了较好的合作关系。

赞助企业里的新事业开发部、产品开发部、技术开发部等部门的精英们每天都在追求创新，不断实践，他们的加入也为人们提供了学习理论知识及行业内实际工作经验的学习机会。

2012 年，东京大学 i. school 与提供先进创新教育项目的庆应义塾大学 SMD、东京工业大学、九州大学艺术工程学研究院、九州大学 QREC、东北大学 SSD 等大学内部相关人士一起发表了活动成果和研究成果，并设立了可作交流学习用的创新教育学会等，也拓宽了国内大学之间研究人员和教育工作者们的交流网络（图 10）。

像这样，不追求特定企业和大学提倡的唯一方法论，在创新这个学科范畴里能横向学习世界上多种先进的方法论，在这一点上，i. school 的特殊性

信息
想法、意见
投入市场
普及
0
1
10
100
创造
实现
扩大
创新课程
设计课程
技术满意度研究（MOT）
工程学类教育
企业家教育
工商管理学课程（MBA）

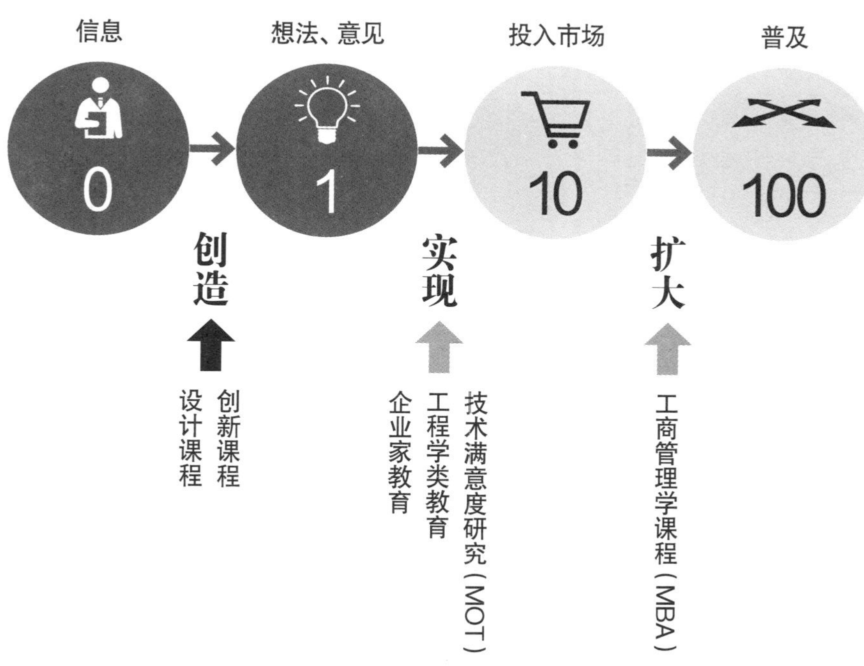

图 9　创新之路

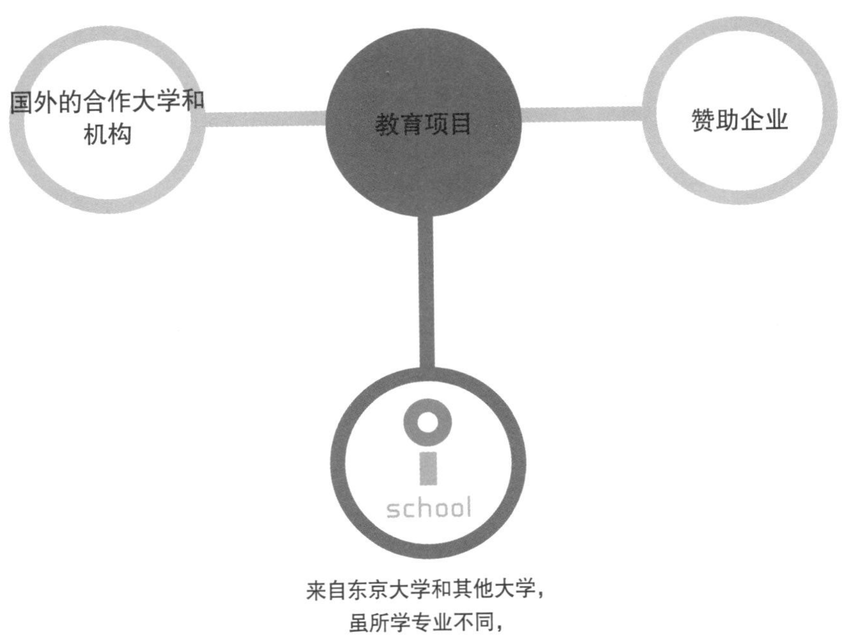

图 10 作为创新中枢的东京大学 i. school

是世间少有的。

虽然各种机构举办的研讨会特点各异，但是思考和构思整体框架时的技巧等都是共通的。所属机构就不用说了，如果一些出身、专业都各不相同的主讲教师考虑发起研讨会之类的会议，会上所探讨的创新方法论中的普遍想法和思考过程是值得深究的。希望在 i. school 学习的学生能发现这些方法论中的普遍想法和思考过程。我现在在 i. school 担任院长一职，不仅能接触到日本乃至世界最高水平的创新教育项目，还能目睹最出色的创新过程，此外，通过和那些研讨会设计者们进行交流探讨，我自己也受益匪浅。2009 年以来，通过横向学习和分析外部创新机构的方法论，i. school 已经构建起了自己特有的方法论。

提倡“以人类为中心的创新”，同时培养人才

i. school 提倡的重要理念就是“以人类为中心的创新”。通过观察人类生活、社会现状和文化背景，创造出使人类的生活方式和价值观产生不可逆改变的划时代产品、服务、商业管理模式和社会体系，这就是以人类为中心的创新。这个概念与前面讲到的设计思维的本质——“与用户达成共识、产生共鸣”有相通之处。在理解阶段的调查中，i. school 会要求学员到街上进行参与式观察，或者到用户家里拜访，观察主人的日常活动，并对此十分重视。

在以人类为中心的创新过程中，开始阶段并非一定要进行参与式观察或者采访用户，也可以先调查和分析现有的优秀服务事例，或者先调查先进技术。但是纵观整个创新过程，最重要的还是对人类活动、价值观、社会变革、文化的洞悉理解，这些对提出新创意及最后付诸现实都极为重要。

i. school 的活动理念中还有非常重要的一点，那就是培养“创新型人才”

的教育目标。创新型人才这个词比较特殊，可能需要稍作解释。而且，理解这个概念对大家今后描述必备技能的目标意象大有裨益。

说到创新人才，也就是“创新者”，人们就容易联想到史蒂夫·乔布斯、井深大、盛田昭夫、本田宗一郎等走在时代前列的企业家。但是 i. school 所说的创新人才形象跟他们稍有不同。

创新并非只存在于有个性和有特殊能力的创新者所率领的新兴企业。如任天堂的 Wii 和丰田普锐斯等，成熟企业内部通过创新和协作的绝妙配合也能发现新天地，这样的事例不胜枚举。如现代社会中成熟的大企业，其市场也已十分成熟，在 i. school 就常想象在这种环境下很有可能进行创新的人物形象。

在成熟的大组织中率先开展创新活动，在推进改革时展现强大的领导力，在制定项目时能聚集必要资源，i. school 以创造拥有这些能力的人才为目标。这样的人即被称为创新型人才。不拘泥于某个特殊创新者，i. school 旨在培养灵活性高、适应力强的创新型人才。

i. school 设立 8 年以来，许多学生大学毕业后马上到国外学习，然后进入当地企业又辞职，像这样虽然经历不同，但是最后选择创业的 i. school 学生越来越多。我所知的就有十多个学生有这样的经历。

i. school 自 2009 年设立以来，送走了一批又一批听课次数和熟练度都达到一定水平的“毕业生”，现在，毕业人数已经达到 100 人左右。有些学生的创新种子已经生根发芽，有些还处于准备活动中。大家可以尽情期待这 100 个创新人才今后的活跃表现。还想了解更多 i. school 的朋友可以看一下另外一本书《东大式　改变世界的创新方法》（2010 年，早川书房）（参考资料 19），也可以关注 i. school 主页发布的活动和报告等。

研讨会举办频繁

i. school 的教育项目中最重要的就是研讨会。这里介绍一下有关研讨会的事例。

案例：“生活中的机器人——Robot Meets Life”

2013 年举办了以“生活中的机器人——Robot Meets Life”为题的研讨会，旨在从技术的角度发散思维、展开讨论。研讨会主持人除了我，还有机器人工程学研究学者远藤谦（索尼电脑科技实验室）和产品设计师村越淳（2013 年千叶大学特聘助教）。该次研讨会旨在结合科学技术专家及贯彻以人为本思想的学者两者间的智慧，并站在中立的角度提出新创意。

在外界看来，日本的机器人技术在世界处于领先地位。的确，在产业机器人领域，日本的技术能力得到充分发挥，在世界范围内也是数一数二的。那当我们把目光转向日常生活后又会怎样呢？2013 年软银（SoftBank）集团还没有推出机器人“Pepper”（胡椒），纵观我们的日常生活，除了 iRobot 的扫地机器人“Roomba”之外，就再也看不到像机器人的东西了。

曾经我们梦想未来生活中有像铁臂阿童木和哆啦 A 梦一样的机器人，这样的未来是否能实现？这个研讨会试着重新寻找机器人技术的特殊价值和可能性。这也是一个将 i. school 提倡的以人类为中心的创新和以技术为中心的创新相结合，极具挑战性的研讨会。

步骤 1：调查、分析现有的机器人

新想法的诞生并非完全没有实践基础，它不是一个从无到有的过程，而是对现有知识的重新组合。研讨会一开始就要求全体人员收集、分析那些已经存在且能引起大家兴趣的机器人事例。从机器人的技术性能和使用价值这两个层面进行分析，并将分析结果整理成卡片形式。

步骤 2：寻找新组合

将现有机器人的性能和价值作为单独概念进行分离，并加以灵活应用，然后得出新想法。将分离出来的性能强制性地赋予我们身边的其他事物，这就是思考的开始。“如果椅子有了像 Roomba 一样来回移动的功能会怎样？”“如果 LED 元件有了空中悬停的功能会怎样？”须不断进行这种实验性的强制思考，寻找带有新价值，并能在我们日常生活中占据一席之地的机器人创意。

步骤 3：快速成型法

这样构思出来的创意还仅仅停留在幻想阶段。这种创意怎样融入我们的生活，我们的生活又会发生怎样的变化？为了充分发挥这一想象，这时就要用一些日用品制作模型。在成型过程中需要思考用户会怎么使用、使用感受如何等，通过加深对用户体验感的了解，不仅能刷新创意的外在表现，还能刷新创意理念的本质。

研讨会的时间只有两天，但每个团队都能将以 i. school 的技术为起点的创意方法运用自如，活用机器人技术，同时提出能够存在于我们身边且毫不突兀的机器人方案。比如宠物机器人型的蛇形拖把，它装有驱动系统，不管是钻空隙还是爬高，都是一把好手；还有表面覆盖树脂玻璃的靠垫机器人，当用户累得要倒地时，它能将其整个轻轻包裹住给予依靠，这些都是当时会上发表的内容。机器人工程学研究学者远藤谦就点评道："怎样从技术上制作蛇形机器人，我脑海里已涌现出它的形象，感觉马上就能制作出实物来。"同时，对不了解机器人技术的 i. school 学生，也评价了他们所提想法的可实现性和可操作性。

产品设计师村越淳也对蛇形机器人的创意作了点评。他讲道："作为一种打扫清洁用的机器，它摒弃了扫地机吸附灰尘的基本功能，恐怕这就是它出彩的地方吧！我注意到，为了分析机器人的优点和其多样化的功能，用到了便利贴来仔细整理、归类，然后进一步提炼最简单的功能（放弃了一般来说不会放弃的功能），这可能就是蛇形机器人创意的成功之处。"专家们的点评风格各不相同，着眼点也不一样，对参会学生来说，这是一次锻炼他们审美能力的机会。

一般来说，大多数优秀创意除了有特点之外，还和市场环境、技术条件、用户体验感等高度协调。这样的创意不仅在构思阶段，而且在选拔和制作成型阶段也会被人们从多个角度评价，最后再自己调整、精炼到最佳状态。因此，专家也需要听取众人的意见，不同角度的评价越多越好。

挑战网络在线教育

一般来说，i. school 的创新教育形式就像研讨会一样面对面地展开。这种方式方便交换意见，也容易营造积极向上的气氛，这是优点；但是另一方面，它也有参加人数限制、讲师人员不足等社会普及度的问题。

我也在试着寻找其他可能性，进而把目光放到了与以现场教育为中心的研讨会的不同开展形式上，终于在 2014 年成功挑战网络在线教育。我们是跟提供在线教育服务的 Schoo 公司（以下称 Schoo）合作的，在该公司的网络平台上有每次 60 分钟的 5 个课时和每次 90 分钟的 3 个课时的动画视频，课程都以简易研讨会的形式进行授课。Schoo 的线上教育在全国大学范围内引起了强烈反响，以政法大学、早稻田大学等为代表的 10 所大学都与 Schoo 在 2015 年 3 月签订了正式合作协议。

网络在线教育产业正是现在掀起破坏性创新热潮的领域。可以说，大学教育也搭上了这股创新热潮的东风。我也希望通过这次 i. school 的网络在线教育指明今后的方向。东京大学 i. school 的课程现在（2016 年）还是无偿提供的，有兴趣的朋友可以去听一下。（参考资料 20）

创新人才须具备的要素和能力——积极性、思维方式、技能

要把自己培养成创新型人才，或者将自己的部下培养成创新型人才，需要设定什么样的目标呢？这里具体介绍一下东京大学 i. school 设定的目标。另外再介绍一下经济产业省发布的意味深长的民意测评结果。

统筹东京大学 i. school 系列活动的执行董事堀井秀之教授提倡创新型人才需要具备三个要素，那就是积极性、思维方式和技能。

用毕生精力为社会做贡献，利用自己的专业知识发现社会课题和能够从事的行业领域，或者给自己找一个值得信服的追求创新的理由，这就是创新的积极性。堀井教授认为培养创新型人才最重要的一点就是积极性。

在创新的过程中，不是仅提出有趣的创意就够了，为了将创意付诸现实，还需要跟各方人士交流合作，有时候还会遇到很大的阻力，甚至一度想放弃。这时，有能自我鼓励的积极性就很重要了，可以是想要一起努力的理想、不畏艰难的决心，也可以是奋勇向前的精神。

新颖度高的创意，也就是说，越是当今市场上没有的产品、服务和商业，其实现过程就越严苛。创意理念的传递终端是用户，但是也有很多用户在当初对这个创意的价值爱答不理。还有在担任项目负责人时，通过努力干出成绩、获得成功的董事们，对于研究成果的方向性是否正确其实是有保留意见的，至少在一开始是有所怀疑的。所以，在这种情况下，期待能推出创新式产品、服务和商业的创新型人才是很孤独的。

你自己对这个创意抱有多大的热情，有多坚信，多想实现，每天都要面对来自灵魂深处的拷问。在创新项目中，面对这些疑问，回答的坚定与否也是成败的关键所在。我作为机构的负责人，每天都会展开类似的自问自答，面对客户端项目，作为咨询公司的负责人，也需要处理一系列纠纷。不是我说大话，正是每天与焦虑和让人处理到想吐的纠纷打交道，我才在艰难的道路上越挫越勇，不断前进。每天发生的点点滴滴就是最重要的要素——积极性本身吧！

接下来说一下什么是健全的心智。健全心智的本意是习惯性思维和想法、意见等。而本书所指的“健全心智”的意思与我们通常的理解又稍有变化。我希望 i. school 的学生能具备以下几种观念模式。

（1）乐观开朗、积极向上的性格

· 对创造性思考和行动非常热爱

· 不被之前的研究和工作方式左右

· 即使前路迷茫依然乐在其中

（2）工作时认真努力

· 成年人的基本素养就是具备独立的思考、行动能力；掌握实践操作能力，并时刻做到认真负责

· 与他人发生争执时，要朝着统一意见的方向去努力

（3）理解、尊重他人

· 成为在年龄、专业、能力各不相同的社团中的一员，要具备这样的自信，但不是自负

· 为了能更好地享受不同社团带来的乐趣，首先要理解他人

· 想要获得别人的理解和尊重，首先要学会理解、尊重他人

这些内容很难用语言表述清楚，我自己也觉得接触 i. school 之后，我的心智也发生了明显变化。最明显的就是我在接触与自己的思考习惯和过程有本质差别的人和工作时，已经能做到排除困难、乐在其中了。同时我也注意到，在大学、研究生学院，以及之前工作的咨询公司时，大家其实都是相似的。在那种环境下，我认为环境是复杂多样的，而这种多样性恐怕就是专业领域和熟练程度的差异，现在看其本质上跟思维方式和价值观的多样性是不同的。

有一个跟我专业完全不同的学生，他的熟练程度明显不如我，但在做民众采访时，他所表现出的敏锐观察力让我十分激动，他到底会成为新的对手

还是伙伴呢？10 年以后回顾现在，可能会觉得那时真是千篇一律、毫无特点，所以从发展的眼光来看，环境多样化是十分必要的。

最后是技能。介绍一下 i. school 提倡的两种必备技能。

第一种是创造新价值的能力。也就是针对创造性课题提出新颖、有特点的创意。每个创新教育机构几乎都会设定独特性这个教育目标，达到这一目标也是检验一个创新教育机构的“试金石”。

一些书和网站曾介绍过棒球运动员铃木一朗的语录，我比较喜欢下面两句，非常耐人寻味。虽然想出创意和打出安打是全然不同的两件事，但是在提升独特性上它们所需的努力是一样的。

“我从不觉得自己是天才。因为我能解释我为什么能打出安打。”

“将自己在无意识中做的事更加有意识地去做。”

第二种技能是“面对创造性课题时能够设计思考过程”。据我所知，世界范围内也没有标榜这一教育目标的创新学校和设计学校。与世界上其他创新教育机构相比，i. school 的本质特征就是强烈意识到这一教育目标的重要性，并积极提倡。

事实上，从 2014 年开始 i. school 就开始提供设计创造性过程的学习机会。主要是从 2014 年开始为高等教育机构里从事创新教育的教员们提供如何策划和主持研讨会的教育课程。课程吸引了来自全国各高校和大专院校的老师共计 50 多人参加，这也是一个非常好的建立教员联系网络的机会。我有幸担任课程的设计者和讲师，与全国各地的从事实际教育工作人士进行的答疑环节质量也非常高，对我自己来说，这也是一次提高自身眼界和见识的机会。

不仅有面向教师的课程，也有针对学生的课程，对于那些掌握第一种技能并能提出创意的“i. school 毕业生”，通过让他们设计面向后辈的研讨会和担任辩论搭档，为他们提供统观研讨会的机会。比如之前介绍的 i. school KOMABA 课程开设在东大本部，由那些在 i. school 已经接受充分教育的毕业生来上，对他们来说，i. school KOMABA 就是传授之前学习内容的试验场。i. school 毕业生中有较高积极性和熟练度的学生会负责策划、主持研讨会，实现创新教育从前辈到后辈的传承。

这些学生比起今后成为一名大学老师或者研究员，更倾向于去企业大展拳脚。因此，我们并不仅是为了设计人才培养类的课程才给他们提供过程设计的学习机会。直觉准的读者朋友应该已经觉察到了，针对特定课题在几天内提出创意的研讨会过程，和在数月间开发新产品和服务，寻觅新的商业管理模式的企业内部项目在构造上其实是相似的。这也是为什么 i. school 重视过程设计能力的原因。从 i. school 出来的学生会策划以教育为目的的研讨会，当他进入企业时就可以统筹规划创新类项目，成为经营管理类人才。

设计创新类课题的讨论过程，除了人才培养，还和创新项目的规划、经营管理，也就是和大型企业内部的创新式管理的要旨密切相关。关于过程设计，将在本书的第 3 章和第 4 章深入展开。

以上就是对积极性、健全的心智和技能这三种要素的介绍。之前讲到三种要素中最重要的是积极性，它虽然重要，但也不一定是最先需要具备的。的确，就算有很高的积极性，但如果行动和想法跟不上，最终也是徒劳，怕是不可能做出成绩的。在学习内容定型、技能学习过程也已形成体系的 i. school，通常都是要先掌握技能这一要素。在这个过程中心智必然会发生变化。而且在以人为本的思考过程中，慢慢与社会大众达成共识、产生共鸣之后，就能将社会课题转化成自己的专属课题，并以此获得动力和积极性，i. school 提倡的就是这样的成长模式，内部课程也是为此量身打造的。

“发现价值的能力”和“实现价值的能力”——创新型人才应具备的能力

接下来，将通过经济产业省调查、讨论的大型企业在创新过程中的人才和组织的理想状态——《关于开拓新事业和活用、培养人才的问卷调查》的结果，介绍创新型人才应具备的能力。设计、实施这一调查的野村综合研究所就创新型人才，也就是所谓的“创新者”的能力和大型企业中白领们所具备的能力差异，用问卷的形式比较、分析后，将这一研究结果公布于世。该研究的调查对象是研究出“i-Mode”的 NTT DOCOMO 创新型人才夏野刚等 15 人和 300 位普通白领。问卷中大致将能力分为“发现价值的能力”和“实现价值的能力”两类。这两类中具体有哪些能力可参照图 11，而我将发现价值的能力定义为从 0 到 1 的“创造”，也就是“实现”能力；将实现价值的能力定义为从 1 到 10，甚至到 100 的“扩大”能力。

“创新者”们的“发现价值的能力”远高于普通白领人士，这是这个调查最精彩的部分。不过这个结果可能跟大多数读者想的一样。其实我最感兴趣的是实现价值的能力，从调查结果来看，创新者们的该项能力与普通白领人士没有较大差别，可以说几乎在同一水平线上。从结果来看，为了创新产品和服务，锻炼一般白领的发现价值的能力，也就是培养从 0 到 1 的创造能力有望成为课题。结果还表明，一般员工也可能具备较高水准的实现价值的能力，而发现价值却成为瓶颈。

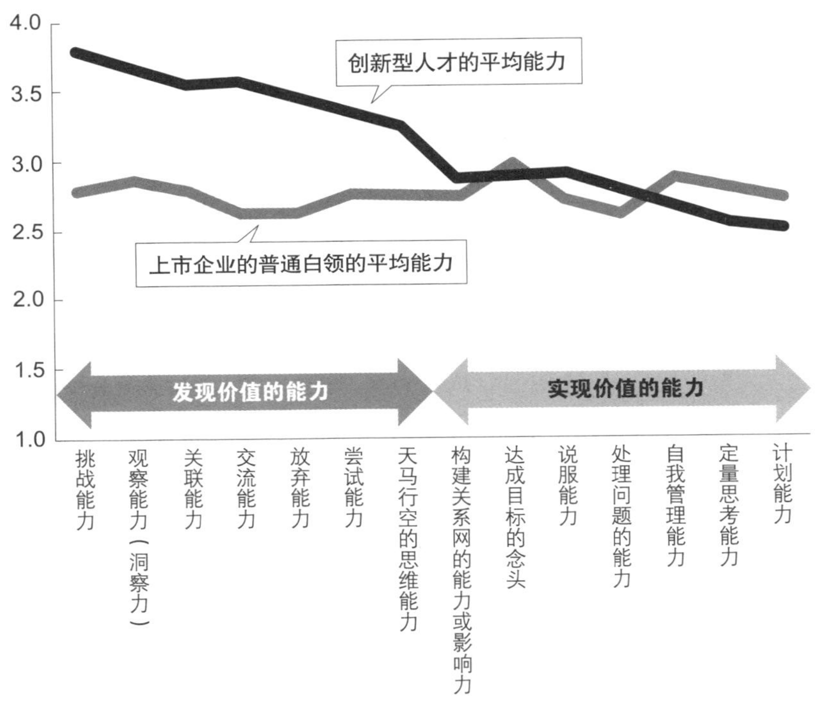

图 11 “创新者”和“普通白领”的能力对比

该图参考《创造创新的“人才”和“组织”像》（野村综合研究所，2013 年 1 月刊登于《知识资产创造》杂志）（参考资料 21）绘制。

在第 1 章中我们提到，大型企业挑战创新时有技术和流通层面上的优势，该调查虽然是以个体为对象展开的，但是和之前的内容在本质上其实不无联系。同新兴企业相比，大型企业组织实现价值的能力确实更高一筹。有这样一个积极的假设，如果大企业能在整体上提升发现价值的能力，突破瓶颈，那就会蜕变成不断创新的组织，从而产生质的变化。

作为专家应具备的能力水平和层次，以及对职务的想法——所谓勇者斗恶龙式、HP 和 MP、职业

之前已对“创新型人才”的必备要素和技能做了重点介绍。在本章的最后想介绍一下 i. lab 是如何帮助“创新专家”掌握各种要素和技能，并同时致力于人员的配备和人才培养的。专家的必备能力恐怕也是企业创新项目的核心成员所必需的吧！

大家听说过《勇者斗恶龙》这个游戏吗？在这个游戏中，勇者、战士、魔法师及僧侣等各种不同职业的人组成一个团队，目的是为了打败魔王。代表体力的生命值（HP）和代表魔法的魔法值（MP）是个人的基本能力。随着游戏经验值的提升，团队成员的等级和基本能力也随之提高，根据所选职业的不同还能掌握高级魔法。

而 i. lab 的人才管理跟这个游戏有异曲同工之妙。i. lab 认为专家顾问的基本能力有三种，分别是“经营管理能力”（相当于游戏中的 HP）、“创造能力”（相当于游戏中的 MP）和 i. lab 原创的“特殊能力”（即 SP）。

作为专家，最基本的能力的就是经营管理能力，具体指制定项目和任务

计划、工作分配、日程管理、客户交流、项目的方向性掌控等基本能力。创造能力不仅指提出新想法、新方案的能力，而且包括调查中的洞察力、对方案精益求精的执行力，以及甄别创新性事物品质的能力等，是一项与创新相关的基本能力。

最后的特殊能力是每个员工所特有的，这项能力因个体差异而不同，是一项体现个性特点的能力。比如我的特殊能力就是培养创新教育工作者和经营者的管理能力。其他员工的特殊能力可能是创作出美丽的艺术作品，也可能是拍摄出具有感染力的摄影佳作，或者是像建筑师一样兼具理性与感性思维等，这些特殊能力往往设定得比较自由，无法严格定义。

关于经营管理能力和创造能力，我将其分别分为从 0 到 3 四个阶段，并分别就各阶段的水平作了定义，如图 12 所示。说到底，这两项能力只是与创新项目有关，与一般业务中的能力无法同等比较，为了让大家更有感觉，这里将与一般的业务员进行对比。

关于创造能力，0 阶段相当于年轻业务员的水平。一般的年轻业务员在 i. school 学习 1 年后可以到达 1 阶段，而如果能在企划类公司或者部门每天通过活用自己的方法论设想创意和方案，这样工作 5 到 10 年后就能到达 2 阶段。关于经营管理能力，新员工就是 0 阶段水平，30 岁左右的年轻业务员可以达到 1 阶段，而 2 阶段基本是即将升任管理层的中坚干部。而能达到 3 阶段的多是自己设定目标，并通过不断努力，自己制定计划并付诸实践，在创业和事业开发方面有充足经验的人才。

i. lab 的项目主要由经理、领队、队员组成。此外还会适当安排具有研究生身份的实习生作为助手加入。前面讲到的经营管理能力和创造能力都有其各自独立的阶段水平，一般来说能接近 3 阶段的人才就能做项目经理，统

<table>
<tr><th rowspan="2">阶段</th><th colspan="2">基本能力</th></tr>
<tr><th>经营管理能力</th><th>创造能力</th></tr>
<tr><td>3 阶段</td><td>制定、管理整个项目。在项目实行过程中具有随机应变的能力，随时能重新制定各项工作任务</td><td>有甄别优秀方案的能力。能将该优秀方案的优点用语言概述。能通过精炼方案，提升该方案品质</td></tr>
<tr><td>2 阶段</td><td>制定项目的详细工作任务，管理项目</td><td>提出的方案品质高，有望被选为最终方案</td></tr>
<tr><td>1 阶段</td><td>对被分派的工作能够稳定完成</td><td>已能稳定地提出方案，并保证数量</td></tr>
<tr><td>0 阶段</td><td>对被分派的工作任务感到吃力</td><td>对提出方案感到吃力</td></tr>
</table>

图 12　i. lab 员工基本能力水平的划分

筹全局了。而接近 2 阶段的人才可以做领队，主要负责项目的执行工作。

冒险队伍中的四种职业

接下来介绍勇者斗恶龙中勇者、战士、魔法师、僧侣这四种职业对应的概念。

创新项目中四种必要职业的属性为商务、工程学、设计和调查。一般来说，无论是哪种职业都可以通过项目参与其中，但是一定有一个参与最为活跃的阶段，参与者本人也是有意识地、有深有浅地参与其中。而且，考虑到参与者的年龄和工作经验等，他们可能并不只担任某项职能，可以主项是设计，辅项是调查。比如我在勇者斗恶龙的游戏中扮演勇者的同时也学习其他各个职业的优点，注意整体平衡，保证不掉队、不拖后腿。

关于职业水平，也将其与基本能力一样分为 0 到 3 四个阶段，并分别就各阶段的水平作定义，如图 13 所示。与基本能力不同，职业具有专业性，专业程度较低的人或者连专业都不同的人去评价专业程度较高的人是十分困难的。因此，这里的职业水平定义是通过应用“社会定位”完成的。

虽然这些基本能力和职业分类，以及各阶段的定义是 i. lab 特有的，但是在企业内部召集项目成员时同样适用。关于项目成员中的职业分类，我的经验就是需要商务、工程学、设计、调查四种属性。众所周知，创造是需要多样性的，而且与平常业务往来较少的人交流、共事，还能提高项目成员的工作积极性。另外，从职业分类层面来看，项目的核心成员以 2 阶段的人为主较好，助手可以是 1 阶段的，控制好整体平衡才能提升工作动力，使其发挥各自作用。此外，考虑到项目进程和提出方案的方向性，适当需要向 3 阶段的人才寻求特别帮助，这样才能保证工作积极性，提升方案的品质。

关于创新项目的体制及成员的构成、职务作用，将在第 6 章中介绍。

阶段	职业（调查、商务、设计、工程学）
3 阶段	10 年以上该专业的研究、业务经验，不仅在创新领域，而且是业界及各专业领域的学术会议中的知名人士，成绩显著，其研究成果在同时代属于顶级行列
2 阶段	完成该专业博士生课程或有相应程度的知识和研究成果。而且有 5~10 年该专业的实际研究和业务经验，因专业能力较强被外界熟知，如曾被指名担任过公司内外讲座的讲师等
1 阶段	完成该专业研究生课程或有相应程度的知识和研究成果。而且有 3~5 年该专业的实际研究和业务经验，发表过关于该专业的概略，有自己擅长的领域，可以将迄今为止的研究成果发表出来
0 阶段	该专业大学毕业或有相应程度的知识和研究成果。而且有少许该专业的实际研究和业务经验

图 13　i. lab 员工的职业专业性水平划分

第3章

想要提出与现有事业不同的理念

整理、评价能够提出新方案的方法论
——创新的关键在于设计经营的过程

当市场上出现人气商品时，一些书或者新闻报道里就会分析原因："名字取得好""紧跟时代潮流""设计新颖时尚"等，但这些评论通常过于片面单一，多是为了引人注目。这些话题，将其作为读物了解下还是挺有趣的，但对我们制定和管理项目起不到什么作用。

某种新的产品、服务、业务从诞生到成形，到推向市场，再到大范围普及，都有其各自的创新之路。在这个连续过程中，有意识地制定、实施计划，从而协调与平衡整体的方向性是决定项目品质的关键。我把这种协调平衡方针称为"事业开发战略"。

第 3 章主要介绍事业开发战略中新方案的提出过程。提出方案后怎样提高其品质，怎样将该方案付诸现实？第 4 章主要列举这些过程实例进行介绍。

首先思考下创新的过程。运用某种信息发现有意义的新组合，我们将其称为新方案、新创意的诞生。也可以将其表述为从 0 到 1 的突破。当解决该方案在技术、生产、法律、流通层面上的问题后，以新产品、新服务、新事业的形式推向市场，进行贩售，这个过程也十分重要。假设把该过程表述为从 1 到 10 的实现，随后将新产品、新服务在市场的普及过程称为从 10 到 100 的扩大，那么，这三个过程可以简单概括为"创造""实现""扩大"（图 9）。

学习这些过程的场所和方法论有很多，如果学"扩大"，可以选择经营学中的工商管理课程（MBA），这应该是最高效的。如果要学"实现"，可以选择经营学中的技术满意度研究课程（MOT）。其他还有工程学类教育、企业家教育课程。近年来创造领域越来越受关注，创新学校、设计学校等异军突起，i. school 就是这种类型的学校。

最近创新界最关注的就是从 0 到 1 的创造过程。咨询公司、大学学者甚至学生当中能够实现从 0 到 1 突破的人，近 5 年来逐渐增多。大概是在 2000 年，有一段时间在实现领域，尤其是 MOT 课程特别受人关注，但现在是创造领域，也可以说是恰好融合两者内容的领域正受追捧。

比如，根据美国斯坦福大学 MBA 毕业后的人气就业公司排名，以前排名靠前的主要是麦肯锡管理咨询公司和波士顿咨询公司，以及贝恩公司等战略型咨询公司，但现在它们有被设计咨询公司超过的趋势。此外，最近二到三年，一些大规模战略型咨询公司和广告代理公司陆续收购了不少业内小型设计咨询公司。比如，埃森哲收购 Fjord、麦肯锡收购 Lunar，还有日本的广告公司博报堂收购 IDEO 等。

第 1 章通过介绍索尼公司的新项目“SAP”，阐述了大型企业在“实现力”方面的潜能。紧接着在第 2 章讲到的创新型人才必备的技能中提到，比起实现价值的能力，发现价值的能力更值得深入探讨。创新领域需要能够发现价值并且大展身手的人才，而且这样的人才多多益善。当然，追求个人能力的同时，也需要不断提高组织的创新能力。我认为，提高组织创新能力最有效的方法就是制定、导入新的创新过程。

前面也介绍了日本经济产业省关于创新型人才的调查和讨论结果，最后的结论和日本企业所采取的方法大约是一致的。大致可以分为两点：①培养创新型人才；②为了更好地实现多方位创新，建立新的组织体制（包括公司内外所有的体制）。不可否认，这两方面都很重要，但缺少了根本性的重要一点，作为一个组织要是不能弥补这一点，其开发新事业的能力就得不到提升。缺少的部分就是第 3 章和第 4 章题目中关于“过程”的观点。

如何有效地将产品和服务传递给市场，大型企业内部都存在这样的扩大过程。如索尼公司就有在某种程度上能够灵活应用的实现过程。又如食品加工厂重新审视企业理念后，挑战生产其他种类的产品，但其企业内部仍然有当初生产旧产品时的经验和过程。因此即便产品种类发生变化，提出新方案以后仍旧可以沿用组织原来的业务过程。

最近，如索尼、三井不动产等日本企业的经营管理层已经开始认识到有必要引入世界大型企业及管理咨询公司创新的过程，公司内部也已开始有所行动。但仍有很多企业没有制定或者导入创新过程，仅凭着号召一味追求所谓的创新，完全没有效率可言。

提出新方案的四种途径
——“技术”“市场”“社会”“人类”

前面曾介绍近来从 0 到 1 的创造过程越来越受关注，尤其是灵活运用设计和设计师的能力已经成为新的潮流风向标。但是创新的方法论和过程其实还有很多，如果大家因此有所误解，在这里我深感抱歉。接下来我具体介绍一下什么是创新的方法论和过程。

每次阐述该内容时我都会用到一张图。下面是 0，上面在提出新方案、新思路后变成 1。其次右侧是社会大众的信息，左侧是技术方面的信息。图的中间部分在人类和技术交会后产生社会信息和市场信息。下面的人类和技术交会后也是一样，不过人类层面的集合是社会信息，而技术层面的是市场信息。

当思考新方案时需要先从有用信息入手，将这些信息进行加工整理后得出新方案，这就是处理信息的过程。将此过程的框架图示化后就成了图 14。

根据图 14 可以看出，从技术、市场、社会、人类任何一个层面入手都是可以的，所以创新的途径也大致可以分为这四种。接下来介绍这四种途径各自的特点。为了更加简单易懂，这里采用第一人称来表述人的思考方式。当团队合作挑战创新项目时，大家也是用类似的思考方式打草稿吧（图 15）！

第一种途径是从技术角度出发。当站在技术的角度思考时，我们会对大脑做出这样的暗示：“以这些基本技术为出发点来思考方案吧！”这在大型企业的工厂内部经常可以看到，所谓的新事业往往是以研究开发战略为基础的。这种创新多是以工程师为主推进的，工程师提出的方案基本上就是整个组织认同的方向。如果是出身于研发本部或者研发事业部的人员负责事业开发项目，那么他们多会采取这一种途径推进。调查公司内外可以代替现有技术的先进技术，或是思考是否可以用先进技术生产什么新产品或者推出新服务，再或者分析、调查是否有什么有趣的技术和产品问世了，从技术角度出发，大多以这些活动为中心。

第二种途径是从市场角度出发。这时往往会思考：“今后会是 XX 的市场，想想这方面的主意吧！”“现在市场上已经有这样的产品了，我们何不反其道而行呢！”比如“今后保健领域将会大热，想想在这方面能有什么作为吧！”这种思维模式就是该途径的特点。从市场角度考虑的人在交流时经常会冒出这样的疑问：“今后什么市场会扩大呢？”“会出现哪类消费者呢？”随之的回答有：“印度的中产阶级有抬头趋势。”“目标还是要对准那些新兴国家的市场。”最后会问：“用这些零星信息能想出什么方案吗？”战略

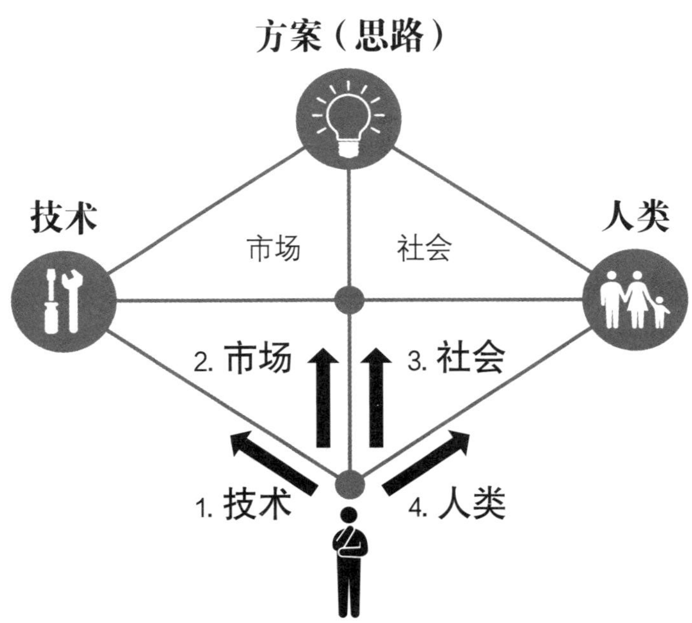

图 14　提出方案的多种途径

途径的种类	典型的问题	方法论及擅长此方法论的组织
1 从技术角度出发	・使用这一基本技术可以开发出什么产品 ・今后热门的技术领域是什么	・探索基本技术的用途，展望和分析如何开发特定技术（制作技术发展蓝图） ・如从事研发工作的事业开发部、从事技术工作的战略智囊团、工商管理学校（MOT 类）
2 从市场角度出发	・今后哪个市场会扩大 ・今后有望扩大到哪个地区、哪类消费者 ・与竞争产品相比，本公司的产品是否存在其他价值，或者能带来新的体验	・探索具有成长性、话题性的新兴产品和服务、分析已经较为成熟的现有产品和服务（Break the bias、蓝海战略） ・如从事经营企划工作的事业开发部、战略智囊团、工商管理学校（MBA 类）
3 从社会角度出发	・现在备受关注的社会课题有哪些 ・放眼未来，今后会日渐凸显的社会课题是什么	・特定的社会课题、国际机构的调查报告、关于某个社会课题的专家讲座 ・如 NPO 和 NGO、国际开发机构、未来中心和工商管理学校（高级管理人员工商管理硕士）
4 从人类角度出发	・该产品、服务本质性的价值何在 ・在今后的日常生活中，关于人们的价值观和行动，哪些会发生变化，哪些却不会改变	・民众采访，调查或观察人们的行动，调查公开信息（通过浏览网页、杂志报道等） ・如调查设计部门、设计咨询公司、设计学校

图 15 四种途径的特点

型管理咨询公司比较擅长这种途径，事业开发部的成员如果多是经营企划出身，则会更多采用这样的思考模式。

第三种途径是从社会角度出发。“老龄化社会现象不断加剧，针对因此而出现的社会问题有什么看法？”这种思维模式的特点是首先关注上述类似的社会趋势或者社会课题。这些问题一直是行政机关和一些国际组织，如 NPO 和 NGO 等关注的对象，但近年来在未来高管们学习的 EMBA 课程中都开始备受重视，这就值得深思了。现阶段虽然不存在这样的市场，但是社会问题所带来的影响是长期性的，它所孕育的市场值得这些大型企业开发探究，也正是由于这个原因，这些全球性企业的未来高管们才会如此重视从社会课题的角度入手吧！有人主张，21 世纪的创新火种并不是人工智能和生命科学，而是社会课题。我也赞同这样的想法和思考方式。此外，CSR（Corporate Social Responsibility：企业的社会性责任）中有一个环节叫“社会贡献活动”，因《竞争战略》（参考资料 22）名声大噪的波特教授曾经对此持怀疑态度，最近却提倡 CSR 的发展性概念——CSV（Creating Shared Value：创造共享价值），开始着眼于企业和社会的新型关系。（参考资料 23）

第四种途径是从“以人为本”和“设计思维”的角度出发。这种途径的思考模式是通过采访特殊个例或者从文化人类学的角度观察生活等，得出不一样的结论，从而提出新方案。采用这种途径的目的多是为了发现用户的潜在性需求。同时该种途径也是设计咨询公司和设计调查公司最擅长的，也有企业专门自费设立设计调查部和用户体验部。

四种途径各有所长、各有所短——使用时须灵活搭配

那么，哪一种途径最好呢？我的回答可能会让大家失望，因为“没有所谓最好的途径”。每一种途径都各有所长、各有所短。今后在使用之前需要先理解它们各自的特点，这里做一下具体介绍（图 16）。

从技术角度提出的方案多源于本公司擅长的技术领域，在用专利或者技术知识确保技术性优势上无疑是出色的。但是另一方面，从技术角度出发时常常容易忽视社会潮流和用户需求，不断提出方案的结果是有些方案能获得成功，有些则被遗忘在角落了。日本的生产企业曾经用这种途径获得的成功究竟是偶然事件还是必然结果，我们不得而知，不过因为成功的例子还是比较多的，所以现在还是有很多企业仍在采用这一种途径。

从市场角度出发时更容易尽早确定某项事业的方向性。例如现在日本比较有发展空间的领域——电力市场自由化，在项目早期会听到这样的主张：“在现有的电力市场，这种产品、服务的市场规模有这么大，如果我们的市场占有率能达到 XX%，那就有几千亿日元的利润了。”而这种途径的缺点就是乍一看简单明了，但实际的讨论过于抽象，迟迟提不出具体方案。战略型管理咨询公司最擅长这一途径，管理咨询公司与公司高管们常有这样的对话，管理咨询公司说：“电力市场自由化啊，我想想吧！”公司管理层说：“那好啊。”项目开始半年后，公司管理层会说：“那么具体方案是什么？”管理咨询公司则说：“这就是贵公司的员工们需要考虑的了。”最后也是含糊不清，不了了之。

虽然理论过于抽象，但是其内容包括公司管理层们关心的市场规模和趋

种类	优点（+）	缺点（-）	特点	是否适合该用途		
				产品	服务	事业
从技术角度出发	・有确保优势地位的要素	・没有考虑到用户	・可以尝试很多，如果一击即中，则收获颇丰	○	△	△或◎
从市场角度出发	・能尽早确定事业的方向	・过于抽象，无具体方案	・易被管理层接受	△	△	○
从社会角度出发	・公司内外都有正当充分的理由	・课题复杂，不易解决	・最后还是看方案	△	△	○
从人类角度出发	・从用户的角度出发提出方案	・由此提出的方案没什么优势 ・事业规模较小	・对个人能力要求较高 ・看组织能否运用自如	◎	○	△

图 16　各种途径的优缺点

（“○”代表“适合”，“△”代表“带条件的适合”，“◎”代表“非常适合”）

势走向，所以从市场角度出发的途径能让高管们产生安心感，但实际考虑方案的项目经理或者一般成员就不这么想了，最后，往往带着“到底具体要做什么”的疑问，项目就结束了。战略型管理咨询公司在制定经营课题的设计过程中和处理问题的能力确实是一流的，但他们不擅长提出具体方案，结果项目都是在不明所以中半途而废了。

从社会角度出发的途径也有优点和缺点，这与上一种途径——从市场角度出发有很多相似之处。例如项目初期设定的机会领域是“老龄化社会加剧，导致因护理而辞职现象加剧”。虽然一开始就能确定该课题的市场性和社会认同感，但是课题复杂程度较高，导致解决难度增大。即便已经是众所周知，且社会认知较高的课题了，但还是陷入了无法提出具体的解决方案的窘境。即使最后提出了方案，也会有规定复杂，或者规定太严格的难题摆在面前。特别是医疗、教育、社会性基础设施领域的社会课题，规定和限制往往会成为解决这些问题的瓶颈。

最后说到从人类角度出发的途径，因为一开始就是以用户为出发点考虑方案，所以对用户来说足够有吸引力和满足感，这是它的优点。

但也正因为是以用户为出发点考虑的方案，所以没有顾及企业是否能生产出相应的产品或者服务。比如有握柄设计的独具匠心的儿童牙刷。从用户体验来看，这是一个非常出色的产品创意，但企业无法保证技术上的优势，最后市面上出现了其他企业的仿制品。当然，作为企业已经事先申请了构思权，但在知识产权当中，构思权不像专利那样受到保护。此外，比起“对于用户的价值”，日本企业更喜欢能将“本公司的优势，尤其是技术上的优势”发挥得淋漓尽致的方案，这是日本企业的特性，“推进无法确保本公司技术优势的方案有些难度啊”，这样的发言常使计划受阻。实际情况是，只有率先投入生产新概念的产品和作为同类产品的领军企业才能得到用户认可，这样产品的单价和市场占有率才会达到领军企业该有的标准。

从人类角度出发有其本质上的缺点。在从人类角度出发考虑的过程中，通过调查、观察用户得到信息，提出方案，当使用设计思维等手法时，这种缺点就会变得更加明显。本想提出一个全新的创意理念，开发新事业，但通过民众采访和观察调查直接得出的方案往往容易变成产品设计或者使用习惯上的改善方案，比如前面讲到的牙刷的案例。也就是说，当意图推出能改善用户使用习惯的产品时，从设计思维切入是非常有效的，但想要通过寻找完全不同的新的潜在领域，从而开发新市场时，如果仍旧从设计思维切入就不合适了。很多企业没有意识到这一缺点，仍在盲目乱用设计思维，各位读者朋友请一定仔细确认各自项目的目标，做到活学活用。

我总结了四种途径的优缺点，如下所示。

从技术角度出发：如果一击即中，则收获颇丰，但最近的“中奖率”有走低趋势。

从市场角度出发：其内容的正确性及前瞻性都能得到大家的认同，但说到具体方案就如雾里看花，看似花团锦簇，实则寸草不生。

从社会角度出发：虽然课题明确，但是无法解决。此外，即便提出方案，也需要解决一些规定和限制方面的问题。

从人类角度出发：虽然方案很有趣，但是不能发挥本公司的优势特点。此外，改良产品很有意思，但作为新事业来讲其格局太小了。

创新是需要很多人和组织负责实施的，对于创新的方法我进行了许多思索，也得出了自己的结论：创新是没有统一的方法论和过程的。我大学和研究生阶段都学过物理，所以基本上我的美好想法是构建一套能解释一切现象的统一理论。关于创新，我也希望尽量将其普及化、理论化，创新项目能顺利通过某个过程来实施操作，尤其对于提出方案的过程，我一直对此保持着极高的工作热情。但是在一番思虑和实践之后，我认为，能说“这是最终版本”的统一理论是不存在的。但在实际工作中用作他用时，就可以将其普及化、抽象化，要按照个人情况将这些方法形成一般理论转用到自己的实际工作中。

再说到第 2 章中提到的棒球运动员铃木一朗，连他都不能百分之百地打出安打。这并不是努力研究方法论就能完成的，因为这包含了太多不确定因素，比如对方投手，这不是自己能够控制的，还有球场的氛围、湿度、温度等。为了适应这些条件改变自身打法，或是改变方法论，再或是改变身体的姿态，比赛时必须要考虑各种各样的情况并且熟练掌控，这和制定创新项目其实是一样的。

前面介绍过的 i. school 和 i. lab 的思考方式，无论哪一种都不是最终版本，只是希望大家能在体验的同时理解这些方法的优缺点，从而形成自己的使用体系。不过以技术见长的人和企业会忽略其他信息，单从技术角度出发提出方案，从市场角度出发的人和企业也只考虑市场的情况。同样，从人类角度出发的人也只考虑到人类。

我在介绍四种途径时特别用到了“出发”这个词。意思就是虽然是从技术角度出发的，但是之后可能需要考虑社会方面的问题或人类方面的问题，所以才会用从技术角度“出发”这样的表现形式。从人类角度出发也是一样的，在用户调查的基础上，聚焦社会信息，得出未来社会会发生什么变化这个中间结论，进而提出方案，这也是一种从人类角度出发的途径。但实际情况是，各种途径的专家和方法论都已经确立，很少有机会制定和应用串联这些方法论的过程。

这里介绍一个我实施的项目，该项目从技术角度出发，但同时又非常重视以人为本的思想。

在汽车市场中，当从人类角度出发构思 10 年或 20 年后的新产品、新服务和事业方案时，如果贸然采用参与式调查去观察行人的行动习惯和生活方式，是绝对得不到好方案的。因为最近颇受关注的自动驾驶技术、EV（电动汽车）化、定位信息服务等先进技术会在 5~10 年间给社会带来巨大变化。在了解这些技术信息的前提下仍在开始阶段进行用户调查，如此所得到的信息也是没有什么冲击力的。在先进技术的影响下，汽车本身就可能发生翻天覆地的变化，就算现阶段通过用户调查提出比较有趣的方案，到那时也只会变成陈词滥调，跟不上时代了。

那么，我们应该怎么做呢？从技术角度出发，后经社会以人类为切入点提出方案（图 17）。

首先要考察自动驾驶技术和 EV，以及其他先进技术在 10~20 年这个时间跨度里会给市场带来怎样的冲击力，特别注意会给社会变化带来怎样的可能性。其次以汽车的存在意义和其使用方法在未来社会的改变为前提，通过参与式调查和采访，加深对用户需求变化的理解。自动驾驶汽车一旦普及，也许在车里度过的分分秒秒就不再是移动时间和移动机会了，我们可以想象“一个人在车里漫无目的地打发时间”的场景。

如此，那参与式调查的对象就不再是现在的汽车用户们了，而应该转向在咖啡连锁店等地方漫无目的地打发时间的人群。针对这些群体有一个非常重要的问题：“为什么来这家咖啡店，而不去那家？”还有必要问：“为什

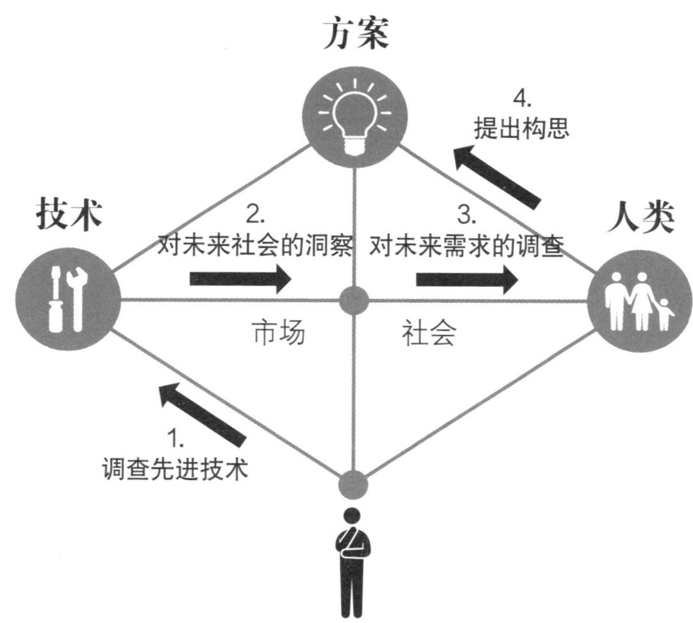

图 17 从技术角度出发也能贯彻以人为本的思想

么不在家喝咖啡，而要跑到咖啡店来喝？”“是有什么目的，还是没有目的，只是为了打发时间吗？”对于汽车行业来说，在今后 10~20 年间，类似这样的提问会带来有意义的调查结果吧！

通过了解汽车行业的情况可以看出，也有首先从技术角度出发的较好的事例。考虑到业界的即时状况、项目目的及目标成果的特点等，也有必要随机应变地制定过程。与汽车行业相关的事例在第 5 章中还会具体展开分析。

理解目的和手段的关系
——没有新意的“目的”或“手段”只能生产仿冒产品

像刚才介绍的自动驾驶汽车的例子，在制定该过程和方案时需要有随机应变的能力，搭建整体框架、统一中心思想也有一定的思路可循。首先需要加深对“目的”和“手段”的理解。

一般来说，目的即需求，手段就是一些技术（指产品）和装置（指服务）。生成产品和服务的“方案”其实就是在目的和手段的综合需要下应运而生的（图 18）。

例如，要去除衣服污渍，需要用到水和洗涤剂，前者是目的，后者是手段。结合目的和手段，就提出了洗衣机这个产品方案。那么假如目的还是去除衣服污渍，而手段变成了空气，那就会让人想到最近颇受关注的不用液体水，而用空气中的臭氧来清洗衣物的商品“空气清洗器 Racooon”。（参考资料 24）

追求新方案的同时也势必要求目的和手段日新月异（即要与现有的目的

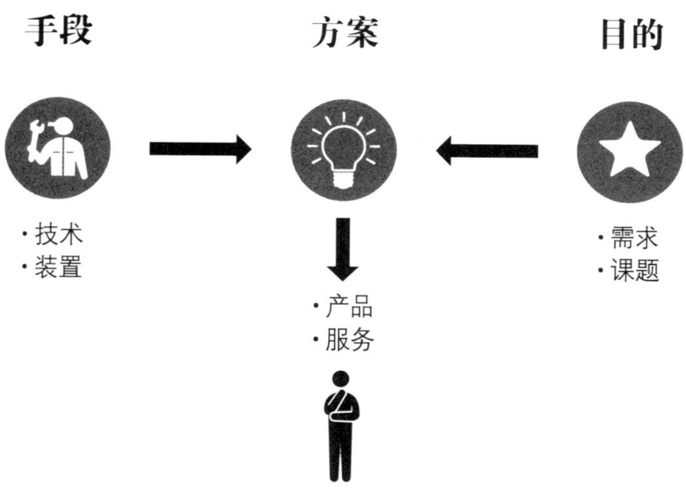

图 18　目的和手段的全新结合产生方案

和手段有所不同）。其新颖性虽然也要看内容和程度，但是如果目的和手段仍然呈现出完全相同关系，在这样的方案下生产出来的产品是不会给用户带来新鲜感的，最后只会被认为这是仿冒产品或者便宜货。一般来说，在构思方案时，要明确目的和手段哪一个制约性更强，随后在自由度更高的那个上面发挥想象，做出变化，寻找新颖、有意义和有实现可能性的最佳组合。

考虑洗衣机这类产品时，其实只要保证目的不变就行，在手段方面发挥想象力，寻找更多可能性，更新手段后自然就能想到像“Racooon”那样用空气清洗的产品了。

提出方案的方法和过程就是收集、分析有关“目的”和“手段”的信息，并将其整理加工形成新组合。图 19 就是我整理出来的过程框架。

制定项目过程时需要考虑目的或者手段哪一种要求的条件更高，比如手段的条件是“必须用到本公司的专利技术”，或者目的的条件是“想要解决这一社会课题”。这些限制条件会给项目的制定带来积极影响。建筑师在制作设计方案时也一样，土地的面积、形状、委托人的意见等限制条件越多，建筑师就越能根据自身的专业能力和经验自然而然地提出方案。

创造一个能够提出新方案的“机会领域”
——作为中间地带有益于指出思考的方向

这里介绍一下“机会领域”，了解这个概念对提出方案大有帮助。所谓机会领域就是为提出方案指出抽象性的方向，也可以说是方案的理念。在这个领域内思考，有望得出新颖、有意义的方案（图 20）。

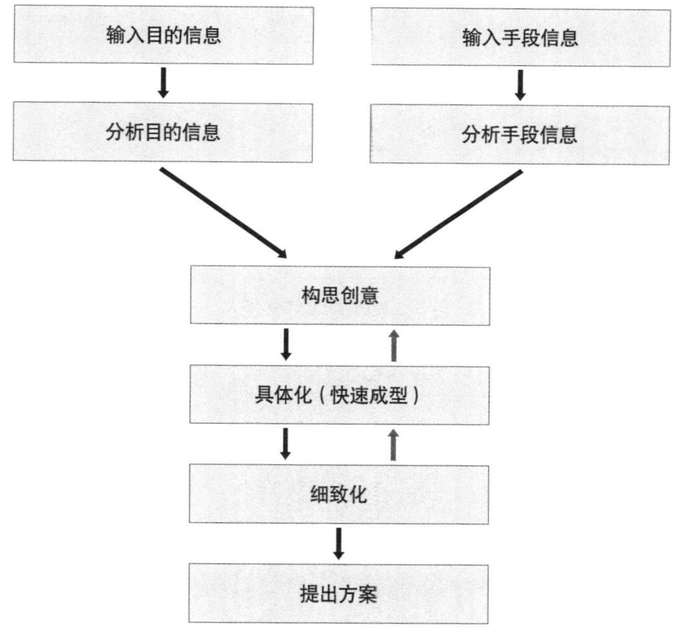

图 19　提出方案的标准模式

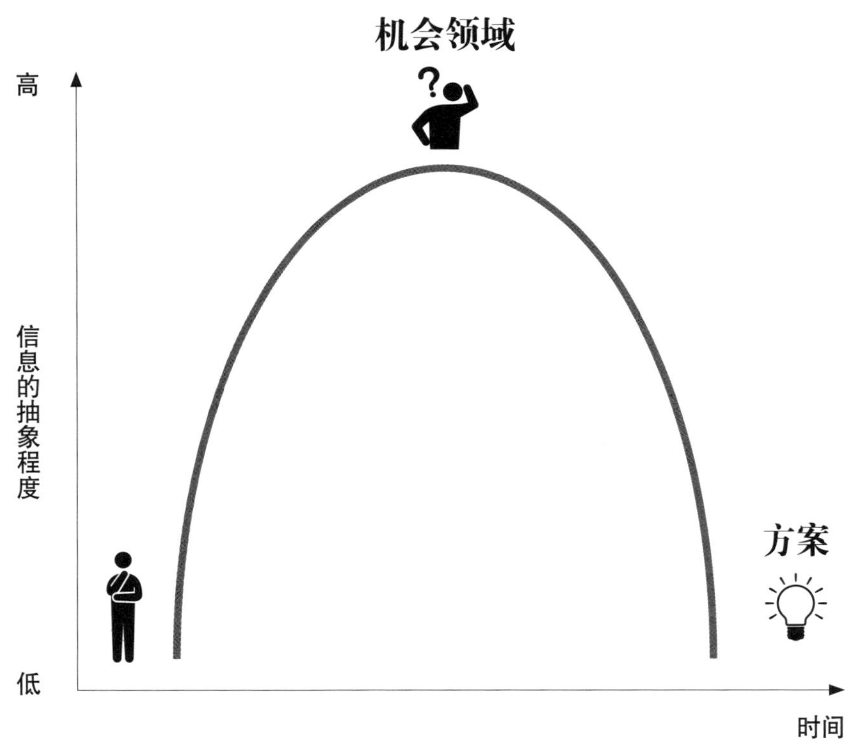

图 20　在提出方案的过程中机会领域和方案的关系

以保龄球运动为例。保龄球的目标是要将 20 米左右远的瓶子打倒，光盯着瓶子的位置投球是打不中的。那保龄球高手们是怎么做的呢？原来他们是一边盯着滑道前的三角形区间——“保龄球点”的标记，一边投球的。具体要瞄准保龄球点的哪个位置，如何使球通过，之后会不会直线前进，这些都要靠经验。项目的经营管理也一样，目标就在前面，将眼前的中间地带当作标记非常重要。在创新项目中，这个中间地带多被叫作“机会区间”。

由于机会区间的概念过于抽象，且难以理解，所以这里介绍一个具体案例。该案例是我们实际经手的三菱重工集团的新事业项目，我们将机会区间用语言表述为“在城市化进程加速或者减退的过程中具有高度适应性的基础设施建设的必要性”。这个机会区间就是该项目的中间地带，项目后半段就会集中精力在这个机会区间内提出方案，再进一步将方案具体化。最后，针对发展中国家的城市基础设施不完善和发达国家的供水基础设施老旧提出了水资源循环利用的方案等。

如果不设定这个机会区间，到后来提方案时项目成员们的思考方向就会过于分散，那么项目就有中途夭折的危险。此外，在苦思冥想阶段，也正因为有了这个机会区间，项目成员们才会对目标方向有共同的认识。在三菱重工集团的项目中机会区间是用语言表述的，根据情况的不同，机会区间还可以用图表的形式或矩阵等坐标形式来表现。

使用机会区间这个概念有三大优点。

第一就是能尽早“判断中心思想是否正确”。对于方案的新颖性和业绩，不用等到项目结束，在中途就能明确。在刚才介绍的三菱重工的项目中，当看到“适应性的基础设施建设”这些字眼时，虽然觉得很抽象，“好像目前社会上确实没有这些”，但是同时会对这个项目的潜力抱有希望，而且脑子里能有一个大致的轮廓。通过这个机会区间提出的方案是否有新鲜感，制作的产品能否畅销，虽然一切都还不明朗，但是能在这个中间地带充分发挥想象。当挑战某个目标待定的创新项目时，机会区间会给后半段的项目指明方向，让人安心。

第二是能“进行逻辑性说明”。与最终方案不同，在机会区间内可以尽可能地对堆积起来的事实进行逻辑性说明。而要看清最终方案的品质是需要丰富经验的，甚至连高管们也无法判断方案的好坏，在是赞成还是反对的摇摆不定的声浪中，有很多方案中途夭折。而且，创新型方案的成功与否往往带有不确定性，其优点仅靠逻辑性语言未必能阐述到位。

因此，在大多数情况下，至少在机会区间内进行逻辑性说明，并将取得理解和认同作为一个目标，之后就能顺利进行接下来的工作了。为避免使大家产生误解，这里我要稍作解释，机会区间本身可以进行逻辑性说明，但寻找机会区间的思考过程并不一定能归纳总结。跳跃性思维是肯定存在的，这种思维被称作假设推理，它与一般积累起来的逻辑性思维是不同的。之后需要寻找事实信息，验证和补充由假设推理引出的机会区间，使其达到能向任何人作逻辑性说明的程度。

第三个优点是能在中途“保存”项目。项目成员和企业高管们在看到最终方案后，可能会有这样的感觉：“还是觉得哪里不对劲。”这时，我建议不要从头开始，而是先回到有逻辑性，并且能够统一意见的机会区间当中去。然后再从机会区间出发挑战新方案。在实际的项目中，回到机会区间后再重新提出方案的案例有很多。经常返回机会区间并不意味着项目失败，而是创造性过程的必经之路。

启发性较强的四种方法论和过程——使用场景不同却能通用

接下来介绍在提出方案的过程中学得较多的四种富有特点的方法论和过程。所有的方法论和过程都有共通之处：首先着眼于目的或者手段进行调查、讨论，其次根据调查和讨论的结果设定机会区间，最后沿此方向提出方案。发明者的专业化程度与使用场景全然不同，内容也是特点各异，最后却能总结出可以被广泛应用的共同概念，这实在是有趣极了。

1. 从人类角度出发：打破固有观念的“极端用户采访”

所谓极端用户采访是指对那些有着特殊属性、行动特点和价值观的民众进行采访调查。该类采访多是为了加深对普遍社会现象和流行变化征兆的本质性理解。（图 21）

极端用户采访一般也作为设计思维的方法论和过程之一灵活应用。调查的目的就是为了获得方案线索。例如，针对刷牙这个生活习惯进行调查时，可特别关注儿童这个从某种意义上来讲比较特殊的群体，通过观察他们刷牙的样子，了解小孩子是怎么握牙刷之后，可面向儿童或老人推出握柄较粗、使用便捷的牙刷产品。

但这与我在这里介绍的对极端用户采访的实施目的其实稍有不同。再介绍一下东京大学 i. school 的共同创立者兼原院长田村大创立的方法论和过程——商业人类学。在商务活动中活用人类学中的参与式观察，这种方法论就是商业人类学。就应用面来看，其实这种方法论与设计思维有很多相通的地方，但根本内容大相径庭。

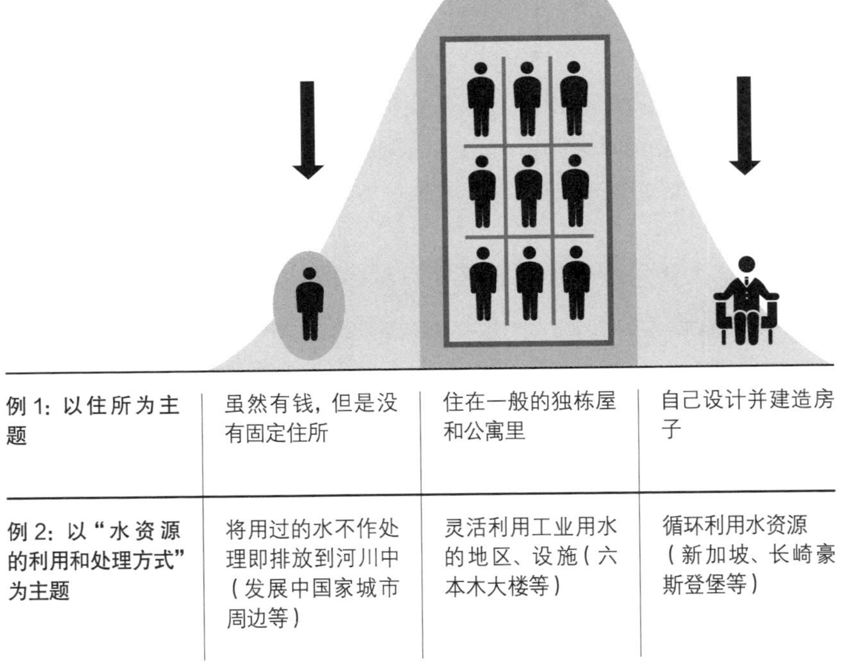

例 1：以住所为主题	虽然有钱，但是没有固定住所	住在一般的独栋屋和公寓里	自己设计并建造房子
例 2：以“水资源的利用和处理方式”为主题	将用过的水不作处理即排放到河川中（发展中国家城市周边等）	灵活利用工业用水的地区、设施（六本木大楼等）	循环利用水资源（新加坡、长崎豪斯登堡等）

图 21　极端用户、场所和一般用户、场所的典型案例

在商业人类学这个方法论中，对极端用户采访的目的是为了加深对特定概念的理解，并重新搭建固定概念的框架。例如前文讲到的刷牙这个概念和儿童采访，就是在比较两者不同定位的同时进行思考。

例如将孩子作为特殊用户，观察他们刷牙的过程。但是商业人类学重视的观察并不是孩子觉得牙刷很难用，而是刷牙这个行为本身对他们来说就不是一件值得高兴的事。从特殊用户身上得到的这条信息“刷牙不是件愉快的事”，其实在普通用户身上也能得到印证。在普通用户看来，“刷牙不是件愉快的事”其实带有普遍性，这么一说也感到“确实是这么回事”，在固有观念里，本来就很难想到可以从刷牙当中获得愉快体验。这里就出现一个机会领域——“让刷牙变成一件愉快的事”，有了这个机会领域，也更容易打破刷牙的固有观念，从而推出更加新颖的产品和服务。

这个过程的重点在于首先接触“人类”信息，之后是社会考察。2016 年 4 月，SUNSTAR 公司推出了一款工具——“G・U・M PLAY”（参考资料 25），将它装在牙刷握柄处，配合刷牙的动作联动智能手机就能玩游戏或者听音乐等。这件产品是否源于商业人类学的方法论我们不得而知，但它能让你在享受音乐和游戏的同时养成正确刷牙的好习惯是真真切切的。不仅是讨厌刷牙的孩子们，就连成人都能体会到寓教于乐的乐趣。

在进行极端用户采访时，针对类似前文提到的“刷牙体验”这个概念，有必要从一开始就设定课题的假说。在《设计思维》等书中经常有介绍“不要有先入之见，首先要打开思路，主动参与”这种技巧。该技巧是以人类文化学上的“参与式观察”为基础的，从某个方面来说是正确的，但对经验不足的人来说，如果就这么按照字面意思全盘接受，几乎从调查中得不到什么启示。的确，这个技巧更像是一个建议，更适用于某个事业领域的经验丰富者。

在调查设计的初步阶段，我建议要按照自身情况建立类似“大概是这样的吧”的假说，可将其称作“初期课题的假说”或者“初期观点”。回到前文提到的刷牙体验，就可以带着“在日常生活中刷牙是一件麻烦的事”的初期课题假说进行调查。这样一来，采访的目的就不是获得“牙刷”方案的线索，而是无论如何都要打破我们心中“刷牙体验”的固有观念，重新搭建新的观念框架。

在为打破刷牙体验的固有观念而进行采访时，比起普通用户，更应将“几天才用一次牙刷，几乎全部使用液体牙膏”“因为从事看护工作等，一天要帮别人刷十几次牙”“从小就没有一颗蛀牙”的人列为候补对象。

其次是制作采访提纲。采访提纲就是将采访中要提到的问题以笔记的形式记录下来。在制作采访提纲时需要注意，我们的目的并不是为了验证自己的假设，而是要通过升级更新，打破固有观念。有“大概是这样的吧”的初期课题假说，却不能进行验证，这种平衡是很难把握的。虽然只能通过经验的积累慢慢学习，应该做好心理准备，但是比起“大概是这样的吧，所以我要确认到底有没有说对”，更应该是“大概是这样的吧，所以我要了解更多相关的事情”。（图 22）

在某个特定产品和服务的范畴内，通过其理念提出方案时，用商业人类学中的极端用户采访打破固有观念，创造新的机会区间，这个过程是非常有效的。但重要的不是从定性、有特点的微观采访中获得提出方案的线索，而是通过重新捕捉社会整体的固定概念，站在宏观的角度进行整理归纳。

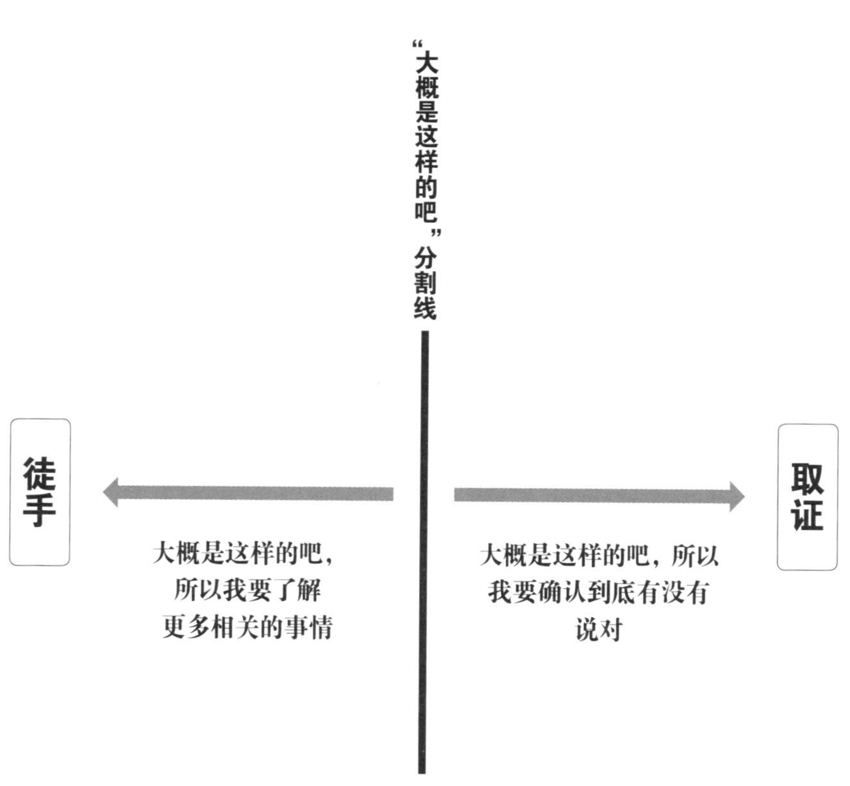

图 22　采访时的倾向，期望方向是“大概是这样的吧”分割线的左侧

2. 从社会角度出发：思考未来社会时的方法论是“情景规划”“洞察未来”“社会变换”

思考未来的方法论也有很多。在思考未来时，从中选定课题、提出解决方法，从而得出新的产品、服务和事业方案，这是基本的过程。下面介绍三个在创新项目中较易灵活掌握的方法论。

情景规划

情景规划是针对特定行业和课题，选择两个将来会带来巨大影响的要素，根据这两个要素的未来情况画出横竖两条轴线，产生四个象限，再在这些象限内描绘各种社会情境。该方法论最重要的部分就是如何提取影响行业和课题的要素。提取要素时有两点非常重要：“不确定性”和“影响力”。此外，提取候补要素的信息与后文叙述的洞察未来的方法是不同的，比起微观现象，它更倾向于积极地研究政策、能源价格、社会舆论等宏观现象。Politics（政策）、Economics（经济）、Society（社会）、Technology（技术）也被称为 PEST，可通过这四个方面高效寻找要素。

提取要素是难度最大的思考工作，我在 i. school 和 i. lab 工作时也经历过。说实话，我觉得比起创造性，这种探索、选拔过程更考验专业程度的高低，在某个领域专业性更强的人在这个过程中会给探索和选拔的结果带来更大的影响。在这个探索和选拔的过程中，与其继续让项目成员们妄加议论，不如向公司外部的业界权威或者课题专家寻求帮助。之后在各个象限内描绘社会情境时进行的思考也是非常多的，可以说不比写小说少，同时对创新的要求也很高。

针对日本的医疗、物流和零售行业，我们和野村综合研究所尝试通过情境规划进行研究，其结果非常高效且具有重大意义。探索、选拔要素的过程参与者不仅包括各个领域的咨询顾问和研究员，还有医疗、机器人学、人工智能等业界的权威专家。将横竖两条轴线设定好后，专家们一起思考四个象限内的社会情境。如图 23 所示，情境规划后四个象限的要点用此模型表示。

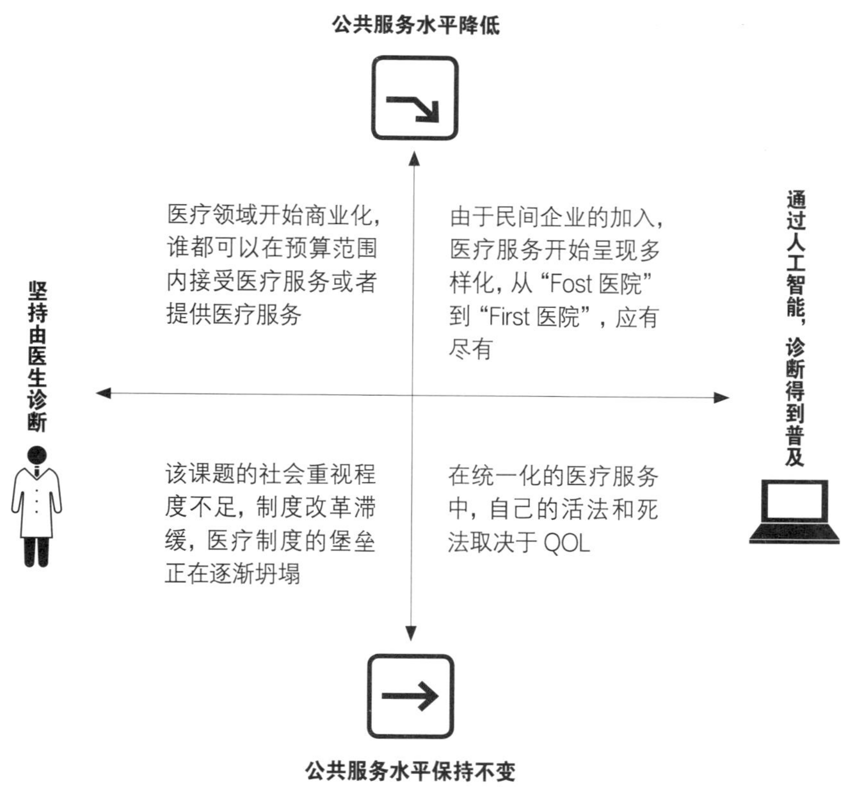

图 23 以“2030 年的日本医疗”为课题制作的情境规划

洞察未来

所谓“洞察未来”，并不是将 10 年或 15 年后的未来定位在现在的延长线上，由于变化因子的作用，未来是无法预测的，“洞察未来”旨在发挥想象力，加深对未来的理解。未来具有“不确定性”，在积极解决问题这一点上与前文介绍的方法论——情境规划是相似的。但是在洞察未来时，给不确定的未来带来影响的要素并不是宏观上的，“未来征兆”多是微观现象，洞察未来的本质特征就是积极研究这些问题现象。

从公开的新闻报道中可以得到一些对未来社会的启示，也就是未来的征兆。例如“意大利乡镇因财政收入不足停止供电”“老年人相继悄悄地购入市中心高层公寓”等报道。以这些报道为线索，即可就“日本的二、三线小城市和山区等地因地方财政收入和经济发展不平衡导致行政服务、基础设施服务水平下降，人口越发向一线大城市集中”等未来现象展开讨论。

该方法论的思考过程并不需要对行业领域或者课题的专业性理解，而是更加依赖项目成员们的创新能力。因为驱使逻辑性思考和创造性思考的教育效果显著，所以该课程自 i. school 创立以来一直延续至今，已成为 i. school 的基本课程。日本综合研究所的未来设计实验室对该方法论有诸多实践性见解，于 2016 年 3 月出版了实践性著作《寻找新事业的机会——“洞察未来”的教科书》（日本综合研究所未来设计实验室，KADOKAWA）（参考资料 26）。此外，对学术理论体系和研究结果有兴趣的读者可以去看下一桥大学鹫田祐一教授编著的《KDDI 综合研究所丛书：洞察未来的思考方法——根据不同情况解决问题》（劲草书房）（参考资料 27），这本书可以说是针对该方法论写的评论性论文，相信你可以从中获益。

社会变换

“社会变换”是三菱综合研究所提倡的概念（图 24），指的是社会发生变化，且变化方向呈现非连续性。现代社会由于某些特殊原因发生非连续性变化后会给市场环境带来怎样的影响？该方法论的特点就是研究这些未来现象。在聚焦非连续性未来现象这一点上，跟前文提到的情境规划和洞察未来的理念是一致的，但它们之间还是有本质区别的，那就是通过该方法论积极处理的是那些可能性更高的未来问题。

一般来说，在处理可能性更高的未来问题时，很难从中设定比较新颖的机会区间，但在社会变换中，由于“非连续性变化”的缘故，该问题得到解决。“老龄人口持续增加，预计到 2030 年 65 岁以上的人口将达到 4000 万”，这是连续性变化产生的信息。而作为非连续性变化产生的未来信息就是“继第二次世界大战之后首次出现大型医院床位缩减现象，这充分表明今后医疗、看护的中心将向家庭医疗和社区统一护理转移”。

与连续性社会变化不同，非连续性社会变化的结果具体会出现怎样的社会现象，会产生怎样的课题，如果不进行细致考察是无法想象出来的。因为非连续性社会变化与至今为止的社会状况和性质不在一个方向上，所以我们没有参照信息，也没有经验可循，更加无法在原社会现象的延长线发挥想象。另一方面，根据已有的信息和经验，对连续性社会变化的趋势走向能很好掌握。

在社会变换的方法论中，产生新方案的办法主要是把目光聚集在非连续性上，而不是放在不确定性上。在研发新产品、新服务和考虑新事业时会在脑子里想象一些未来的情况，不确定性确实能成为新方案的源头，但同时在

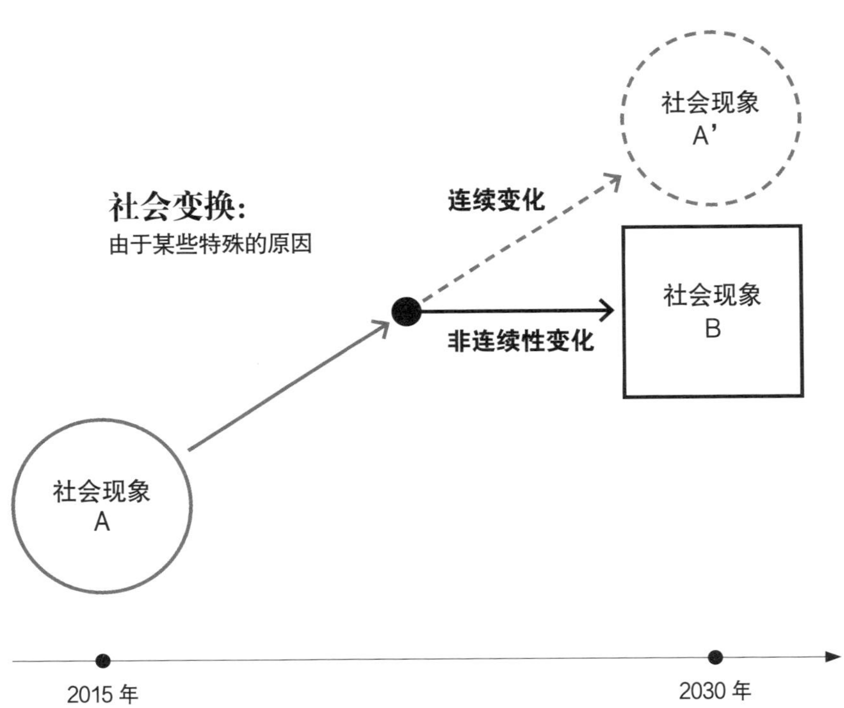

图 24　三菱综合研究所提倡的“社会变换”概念图

方案的实现及普及上会存在一定风险。以充满不确定性的社会场景和课题为前提考虑方案，如果这样的未来并没有出现，那么该方案的有效性就会直线下降。而社会变换这个方法论就没有这个缺点，它可以在非连续性变化下提出新方案，还能保证通过该方案推出的产品、服务或者事业在未来的普及程度。

社会变换的方法论和过程是我们和三菱综合研究所事业推进小组共同开发的，其内容在过去举办的研究会的报告资料已经公开。（参考资料 28）

以上就是三种发现未来征兆的方法论，其共同之处就是通过想象未来情境找出课题，再由此提出方案的过程。各位读者可以根据创新项目的目标和主题，以及项目成员们的特点，再结合迄今为止的调查资料等区别使用。（图 25）

3. 从市场角度出发：冲击市场偏见的“蓝海战略”和“Break the bias”

第 1 章提到了本部位于法国的 INSEAD 商学院教授钱・金撰写的《蓝海战略》，此书包含了许多提出方案的有效方法，这里再次进行一下详细介绍。蓝海战略并不会如波特教授说的红海（= 充满血腥的竞争）一般，变成企业之间的残酷竞争，它是一种在蓝海（= 无人竞争的领域）中开拓新事业的战略。

实施蓝海战略时首先要提取现有市场内的竞争商品、服务，以及竞争要素，并将其记录下来。其次，不仅要“减少”或者“去除”竞争要素中的一些东西，还需要在此基础上“增加”特定要素，或者“补充”新的要素。通过这样的过程来思考方案，以此提高它对企业、客户两者的价值，实现“价值创新”。有名的活用案例就是任天堂的 Wii，在当时的游戏界，“图像处

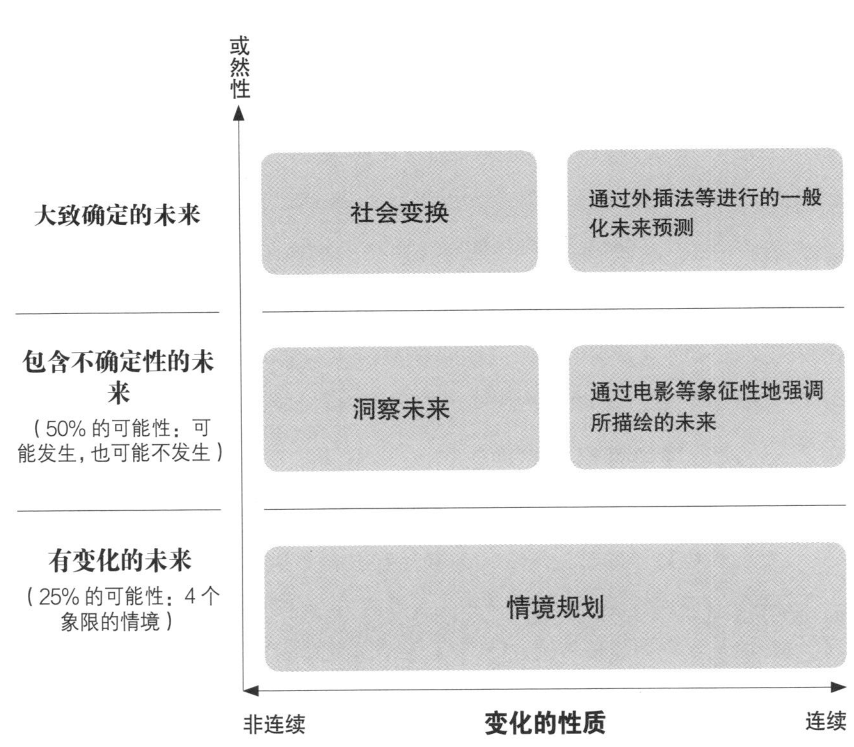

图 25　对思考未来的方法论的整理

理能力”和“投入程度”等是核心竞争元素，而任天堂另辟蹊径，以提供“全家共享”“活动身体”等新价值为主提出了全新的游戏方案。

蓝海战略的特点就是在成熟、僵化的市场中，通过市场分析结果提出新方案。在提出方案之前，最重要的就是要做好“增加”或“补充”要素环节。可惜的是，关于这一点，蓝海战略中并没有介绍详细的方法论，不过如果同时采用之前本书中介绍的从人类角度入手的极端用户采访，以及以未来为切入点洞察社会等方法，相信会有显著成效。

此外，还有一种创新的方法论，那就是找到并打破现在业界相关人士和用户的偏见，英语叫作“Break the bias”（打破偏见），商业设计师滨口秀司（monogoto CEO）是这一理念的倡导者。滨口先生几乎每年都固定到 i. school 来讲课，与 IDEO 的汤姆・凯利一样都是 i. school 的执行研究员。打破偏见与蓝海战略具有相同理念，都是为了通过比较、分析现有市场内的其他方案，找到提出方案的机会区间。该方法论和过程的缜密性刚好能弥补蓝海战略中仅存的小缺点。一般来说，新方案的思考过程可以表述为“从 0 到 1”，但打破偏见采取的是“改变或者打破既存的 1，从而提出其他的 1”的思考方式。

在一般的方法论中，就新型“遮阳伞”思考方案时，常常是“集思广益之后选出优秀的方案”。随后就会生产出“男性遮阳伞”“零件较少的遮阳伞”等产品。普通的头脑风暴就是从一堆方案中选出最好的方案，但打破偏见的方法论却不同，它能从提出的方案中找出有趣的源头，即切入点。这个切入点可用语言表述为“把一般容易面向女性考虑的方面转变成面向男性考虑”，即“女性→男性”，表现为带有方向性的“思考轴”。另外关于“减少零件数量的思考方向”，也可以设定出零件数“从无限大到 0”的思考轴。

将这两根思考轴交叉后产生 4 个象限的概念区域，从而在各个象限中思考各自的方案。例如，以“面向男性 × 零件数量 0”为制约条件思考方案。

打破偏见是结合理性思考和感性思考提出方案的过程，这个过程本身是非常有逻辑性且明确的，参加过滨口先生的研究会和演讲的人员都深表认同。另一方面，要想熟练掌握该方法论也是比较困难的，这在 i. school 已经成为人才培养方面的一个课题。其本质虽难，但作为方法论比较容易理解，学习它的人常常会出现明明当时已经掌握其基本要点，但在实践过程中很少有机会用到它的情况，从基本掌握到熟练应用还是需要一番磨炼的。

平常使用打破偏见这个方法论的机会可能比较少，但本质上还是有机会经常用到的，只是需要一种找到切入点，再灵活运用制约条件提出方案的思考习惯。这里想介绍一个案例。设计类大学的学生在入学时常常会面临这样一个课题：想 100 个椅子的设计方案。这时，新生就会一个、二个、三个，不停地拼命想方案。而有经验的学生不会立马想方案，而是先思考：“以什么为切入点呢”“从哪个切入点入手呢”。

例如先从椅脚入手，从 1 条腿、2 条腿、3 条腿、4 条腿，可以考虑到 10 条腿。接下来是椅面的材料。可以是化学材料，也可以是木质材料，甚至是金属材料。金属材料也分很多种，可以是镁，也可以是不锈钢。这样就能想出 10 种左右的椅面设计。结合这两个切入点后概念空间中就已经出现 100 个方案了。因此，思考某个方案之前设定制约条件是既有效又常用的手法。我将这些切入点的集合称为“思维变数”，我经常在提出方案之前首先考虑思维变数的组合，之后再集中精力思考方案。对打破偏见的方法论感兴趣的朋友可以去 Youtube 看下 2012 年 4 月在“TEDxPortland”上滨口秀司所做的报告。（参考资料 29）

4. 从技术角度出发：寻找领先技术的新价值——技术转换

新方案并不会凭空产生，它不过是现有知识的组合而已。有一种以活用特定技术为基础，不断变换方案目标的方法，我们将其称为“技术转换”。第 2 章介绍的“生活中的机器人——Robot Meets Life”和第 5 章即将介绍的三菱重工集团的项目就是活用这种方法的案例。

技术转换 1：分解现有产品和技术的概念，将其转到其他目标中

技术转换 1 是关于寻找自己公司的产品、技术在今后的应用可能性，从技术性功能、形状及所提供的价值两方面进行分析。

如图 26 所示，分析扫地机器人。将扫地机器人的产品概念分解为功能、形状和其所提供的价值，这里主要活用功能、形状这一块。将作为手段分离出来的功能、形状概念与我们身边的事物、场所及人相结合，寻找能带来价值的新组合。如果将“自动”这个功能与椅子相结合，在大型研讨会等现场就能建立起自动排列、自动收纳的会场座椅自动化体系。

再分解一下无人机的产品概念，如果把“空中盘旋”的功能加到 LED 元件中会怎样？在路灯较少的地方骑自行车时，能先于路人边飞边照亮周边的移动式路灯就应运而生了。利用分解出来的手段信息强制性地加上对人类来说有价值的目的，这样的创新方法就是技术转换 1。

最近，以这一基本概念开展活动的企业逐渐增多。例如在富士胶片公司以与企业客户“共创未来”为根据设立的“开放式创新中心”（Open Innovation Hub）里，结合富士公司的先进技术（即“手段”）与企业客户所认识的“目的”，设计出一系列方案。富士胶片公司产品和技术的展示方法也不是单纯的产品展示和技术解说，而是将容易联想到新目标的“控制

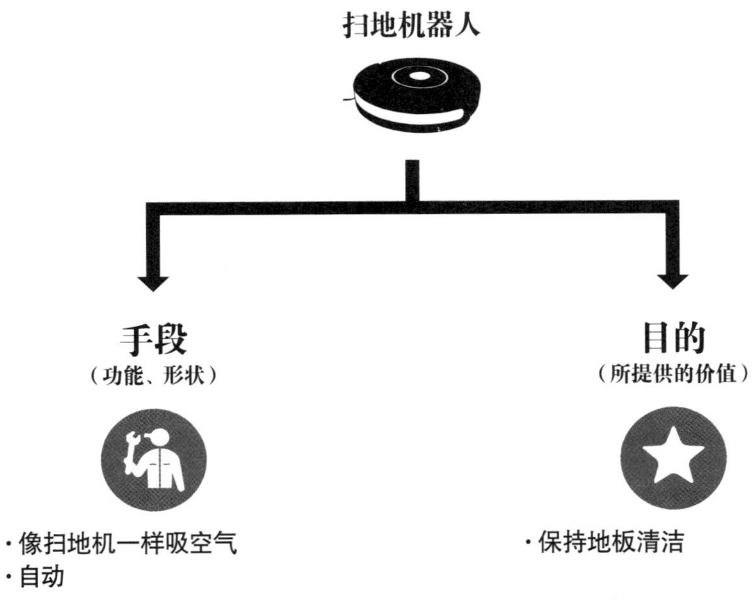

图 26　分解扫地机器人产品概念的案例

光”“分解气体”“培育细胞”等价值置于基础位置，并以关键词的形式将产品分为好几个类别进行展示。技术转换 1 旨在在调查过程中发挥上述以共创未来为目的而建立的物理性场所的作用，进一步提高创新过程的效率。（参考资料 30）

技术转换 1 的分析对象并不仅限于先进技术和产品，它可以根据主题被应用于自然界的动植物和生态系统等地方。在三菱重工的创新项目中，通过分析并活用宇宙空间站的水循环系统提出了一系列方案，同时还从拥有特殊体表结构的澳洲魔蜥中获得了启发。澳洲魔蜥是生活在极度缺水的澳大利亚沙漠中的蜥蜴，它全身布满细微的纹路，这些纹路又与嘴部相连，从而能将身体接触到的水分自动汇集到嘴里。开发具有澳洲魔蜥特点的功能就是三菱重工的项目成果，也为搭建具有水循环再利用事业“Private Water System”（PWS）的基本概念和专利系统带来深远影响。

技术转换 2：实现领先技术后社会现状的转变

技术转换 2 与技术转换 1 不同，它并没有将技术分析的结果直接应用于思考方案上。以由于某项先进技术的普及，社会现状将极有可能发生重大变化为前提，事先探索变化扩大化后的市场需求。基本上需要结合三菱综合研究所的“社会变换”，即思考非连续性、实现可能性较高的未来生活的方法，以及打破特定的固有观念探索机会区间的“极端用户采访”这两种方法论进行推进。例如，不直接通过人工智能技术和自动驾驶技术来思考方案，而是以两者的普及为前提，并使用与两个技术不同的手段，以实现新价值为目标导向，向用户提出方案。简而言之，即以导入给社会带来冲击力的可靠技术为前提，探索由此引发的课题，进而思考对应方案。

该方法论的应用是以存在给某个特定行业带来巨大影响的技术为前提的。正因为这样的技术给行业环境带来了巨大变化，才有必要提前考虑。当然，各公司也会直接通过这项技术提出方案，而技术转换 2 是在即将到来的社会中聚焦热点、寻找机会区间进行思考。最近我关注的先进技术有人工智能技术、自动驾驶技术、VR/AR/MR 技术、预防医疗技术、环境对应技术、Display 技术等。

第 5 章将讲到与汽车相关的企业的项目案例，届时会就技术转换 2 进行进一步的详细介绍。

第4章

整合方案，提高品质

归纳整合阶段才是最具创造性的——此过程需要极强的创造力

在创新项目的过程中，讨论机会区间、提出方案、最后力争精益求精，需要经常重复“发散”和“整合”的工作。各位读者可能会认为，发散才是最具创造力、最有趣的工作，而整合不过是无聊的例行公事。现在，在介绍一般提案方法的书里，多会讲到在创造性的发散思维之后由项目成员“投票”决定最终方案，这种办法看似简单，实则过于死板机械。

其实，整合的过程在本质上是非常具有创造性的，它能让方案的品质和实现程度都取得质的飞跃。我认为大型组织的项目成功与否，关键就在于整合阶段。而且，比起发散阶段，整合阶段的实施难度更大。但是很多书和方法论讲得更全面、更具体的都是发散的过程，几乎看不到关于整合的实践性见解和研究。

本书将整合的过程分为“选拔”和“精炼”两步进行阐述。

选拔的方法：混用主观性观点和客观性观点

这里，我将今后有可能被认为是创新的方案称为“创新方案”（innovative idea）。在创新项目中应该选出这样的创新型方案。如果创新方案的观点比较明确，那么选拔工作也会相对容易。

评价观点和选拔方案时需要考虑项目特点（目标年限和销售目标、高管们期望的事业领域等），从而在适合的项目中进行讨论。项目成员认真严谨地思考观点的过程会提高他们的鉴别能力，进一步提高接下来选拔和精炼的品质。

不过还是有一些固有观点的，有必要事先了解这些观点及其理由，这里介绍一些具有代表性的。大家可以看到，所有的观点并不要求高水平、高标准，而是要在这样的观点下评价和讨论方案，进一步提升方案的品质。

①**新颖性：**站在用户的角度来看，没有似曾相识感，能否带来饶有趣味的新鲜感。一个方案的构成不外乎目的和手段两个方面，思考方案时最重要的就是从目的或手段，或从目的和手段同时入手，开拓新思路，寻找新意。最近的创新项目几乎都以旨在开拓新市场的破坏性创新为主。因此，评价方案的新颖性时，要更注重用户视角的“目的”要素。如果只是更新手段，而在目的方面没有任何新意，就容易变成持续性创新。

②**有效性：**在经济性、社会性影响方面，是否能带来足够的规模和力度。也就是说，评价方案时要确认该方案本身，或者作为前提的机会区间是否拥有巨大的预期市场规模和充分的社会意义。例如，比起给生活带来便利的方案，解决重大社会性课题的方案应得到更高的评价。另外，对能带来更多经济收益和回报的方案也应给予较高评价。在不久之前，还有很多人关注“市场规模有多大”的问题，但近年来，随着旨在开展新市场破坏性创新案例的增多，很多风险投资者开始把目光转到“这个方案能为顾客解决什么困难”上来，即重视对方案有效性的考察。

③**实现可能性：**在预期时间里，能否实现项目目标。当然，创意需要作为产品或服务来“实现”，要以能被人们普及利用为前提。不管多么优秀的方案，只有得到市场普及才能被称为创新。每一个项目都有预期的实施时间，比如“预计 5 年后发售”“10 年后也行”“不，还是以 20 年为限”等，时

间年限随时会发生变化，所以在评价方案时需要一并考虑。

④赞成意见和反对意见并存：方案的评价可能会造成激烈的争论，而争论的起因就是有固有观念，能否打破固有观念也是非常重要的一点。第一次见到或听到创新型方案时，很多人会感觉不协调并带有否定情绪。那是因为在不知不觉中我们已经注意到那些新颖、有趣的方面，它们足以打破被认为是常识的固有观念。当同时出现赞成和反对意见时，“反对”意见的存在往往会造成项目停滞不前，这在大型组织里经常发生。但是，赞成意见和反对意见并存，这恰恰表明这是一个创新型方案，更应该继续推进。当然，如果所有人都持否定意见，那应该连用户都不会出现，所以请大家关注赞成意见和反对意见并存时的情况。（参考资料 31）

⑤极高的价值内涵：该方案所重视的价值观和想表达的世界观等是否紧紧围绕方案的中心思想，以及项目成员的核心理念。在对待新市场破坏性创新的方案时需要特别留意这个观点。开展新市场破坏性创新时还没有产品市场，用户也没有开始消费。也就是说，这与那些已经有消费空间，在货比三家之后选择更好的产品和服务的购买行为是不同的。此时，促成消费者购买的契机就是对方案的抽象性世界观、价值观的认同感，而非具体优点了。使用之后，用户就会慢慢加深对方案具体价值的理解。正如通过众筹实现的产品开发，以及有利于解决社会课题的产品、服务和措施等越来越受到关注一样，近年来以对方案的认同感为基础的普及模式也有显著的抬头趋势。

如上所述，在评价方案时绝对不要忘记一点，真正意义上的“客观性”评价是不存在的。虽不像每天要鉴定投资案的风险投资者一般，但我一年也要就创新与否，针对 50 个以上的提案提出评价或评论。很多时候会在 i.school 学院里进行公开评价，除了我本人，还有大学教授、设计指导、风险投资专家等一起参与，我也有幸得到近距离学习如何评价方案的机会。

这时我常感觉到，评价的观点虽是客观设定的，但基于该观点的评价往往是主观性内容。这些内容没有敷衍马虎，也不是站不住脚的理论，它们包含了评价者本人的专业知识和审美眼光，通常有理有据，能让人接受并认可。也就是说，不管是多么独到、成熟的客观性观点，基于此的评价结果都会包含大量的主观性内容。而我们需要考虑的是积极看待这些评价内容，主动理解消化，从而使选拔过程更加高效实用。

在客观性观点的基础上得出的评价会变成主观性评论，以往的经验告诉我，针对这一点应该持肯定态度。创新方案，尤其是新市场破坏性创新方案，本来就是与无消费的对抗，对于是否有望成功这一点就应该有各种各样的评价。评价具有较高不确定性的方案时，比起一般的单线评价形式，有其他部门领导、公司外部的专家、技术人员和销售负责人等参与，从各个角度出发提出的观点、评论会更加有益。组织开发和人才培养的专家、经营顾问山口周先生在著作（参考资料 32）中讲到，评价大型企业的创新提案需要“多人鉴定”及“寻找生机”。

在选拔方案时帮忙提出方案的助手将会发挥重要作用。因为他们也参与了提案，所以对机会区间内方案的理解必然更深刻，他们不仅能做出定量分析，还能给出定性的评价，这些都是高质量的反馈。这些反馈信息应该积极应用到接下来精炼方案的过程中。

在客观性观点的基础上得出主观性评价后，是不是就要推进评价最高的方案了呢？答案是否定的。项目成员中意的方案并没有得到较高的评价，感觉很普通的方案反而逆袭成功，这在实际项目的推进过程中经常发生。某个方案，即使各方面评价都较高，但如果得不到项目推进者的青睐，那么即便被选中，也会拉低整个项目的水平。因此，我认为在前文基于客观性观点的评价之后，有必要追加其他的评价方式，即开始第二阶段的选拔。

①基于客观性观点的评价和②基于主观性观点的评价

无论哪种评价方法，其结果都具有主观性。但是，评价的观点就不同了，可以是客观的，也可以是主观的。

“①基于客观性观点的评价”就是通过前文讲到的一般性，或是项目设定的客观性观点，以打分、点评的方式进行评价。这种情况下的点评者最好是来自各个行业的，并且多多益善。第一步，要让项目核心成员和助手率先进行评价。其次，根据评价结果大约选择 10 个最佳方案，请公司要人和外部专家等进行第二次评价，同时另找时间进行定性采访调查。

采访时会有答疑和讨论环节，通过这些过程加深对可行方案的理解。即便方案最后的评价结果不尽如人意，但基于某些理由项目成员依然希望继续讨论研究时，也可在协商后再次启用该方案，即所谓的“失败者复活”。

简单来说，“②基于主观性观点的评价”就是对于那 10 个精选方案的实现可能性，表明自己的参与意愿和承诺责任，从该观点出发做出的评价本就会偏主观。在项目推进过程中，首先为了参考，要将基于客观性观点的评价结果整理成图表或者点评集等形式。其次，根据评价结果选择一个自己觉得可以实现，同时愿意参与到提升品质的工作中并成为该项工作负责人的方案。就算成不了负责人，当普通成员也行，抱着这样的心情报名负责人候选和成员候选。因为已经知晓客观评价结果，所以项目成员们的心中就会有各种各样的选择倾向：“优先选择评价高的方案”“自己中意的方案没有评价结果，所以更想努力一把”等，最后在这些动机的作用

下投出负责人票和成员票。（图 27）

这时也需要确认自己对方案的参与意愿和责任，且必须以简单直接，甚至其他人也能理解的形式，这非常重要。因为创新项目本就是以普及方案为目标而设立的。现在如果不将评价高的方案具体化、不提升其品质，也是无法将其推向市场的。为了今后能更加高效地推进项目，不仅要选出优秀的方案，还要培养项目成员们的参与意愿和责任意识，为此请一定好好利用这个“选拔”的过程。（图 28）

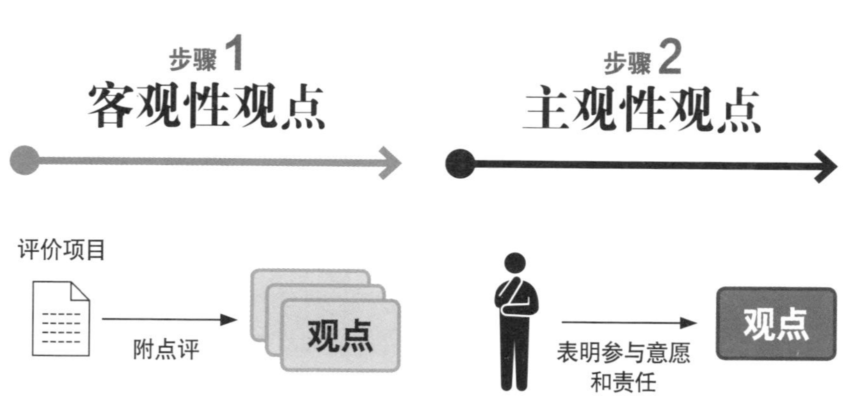

图 27　通过客观性观点和主观性观点评价方案

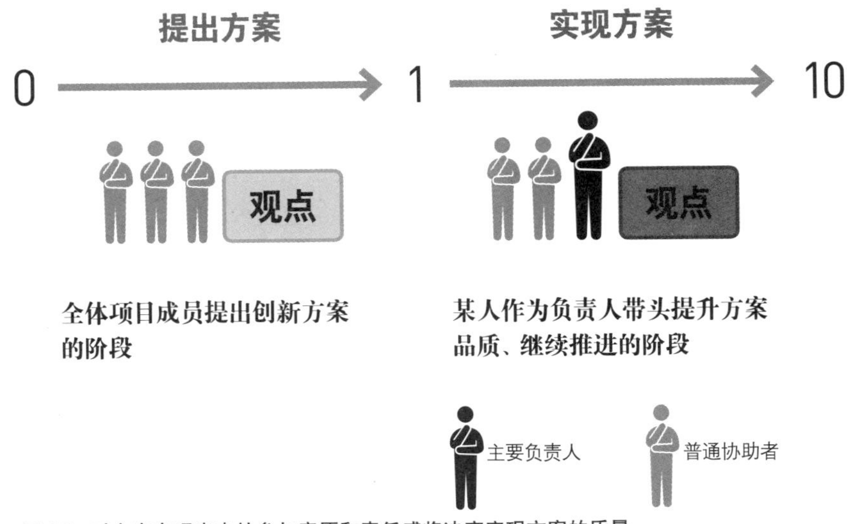

图 28 对方案表现出来的参与意愿和责任感将决定实现方案的质量

精炼的方法：利用快速成型法螺旋式提升方案品质

在初始阶段，方案还没有被具体化，仅仅只是一个概念。因为信息量较少，所以介绍方案时可能用 1~3 张 A4 纸就够了。方案逐渐成型后就需要补充更多的信息，通过将方案具体化提高其品质，这是根本目的所在。“快速成型法”是项目设计领域的一种方法论。在方案初具雏形的阶段，制作能看见、能用手摸到的试制品，并以此为基础反复讨论研究生产方面的问题。这种方法在商务和工程学领域几乎不常见，但在产品设计和建筑设计领域屡见不鲜。

在 i. lab，快速成型法的应用不仅限于商品，还扩大至服务和商业领域。快速成型法的优点就是能更加高效地提升方案的品质。如图 29 左侧的阶梯状图形所示，以往尝试开发新产品和服务，开拓新市场时都是一边细化方案一边提高其质量，同时为避免二次修改，会反复协商有关细节的意见，所以从某种意义上来说这是一个爬楼梯的过程。当方案的质量达到一定水平后就会展开针对用户的集体采访，还会进行确认市场需求的问卷调查。在持续性创新中，这一系列过程或许比较合理，但如果是破坏性创新就还需要考虑能否带来新价值和消费空间。尽早向用户展示方案，取得反馈，“螺旋式”地提升方案，品质更显高效。

如图 29 右侧图形所示，就是螺旋式提高方案品质的过程，在方案质量不尽如人意的情况下，制作一个能尽量展现具体细节的试制品，并以此开展用户采访，再根据采访结果重新制作试制品，如此不断循环往复。（图 29、32）

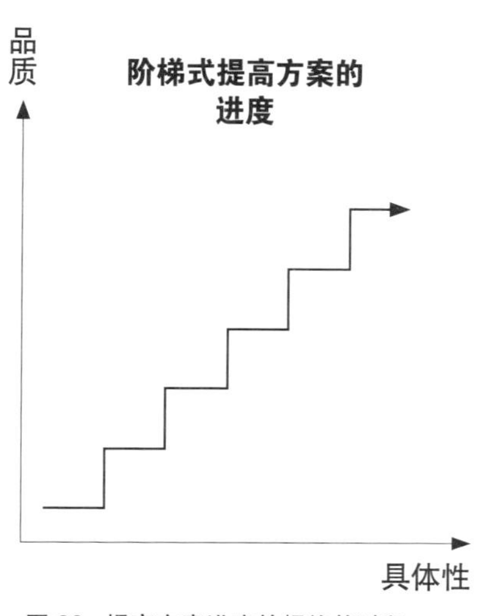

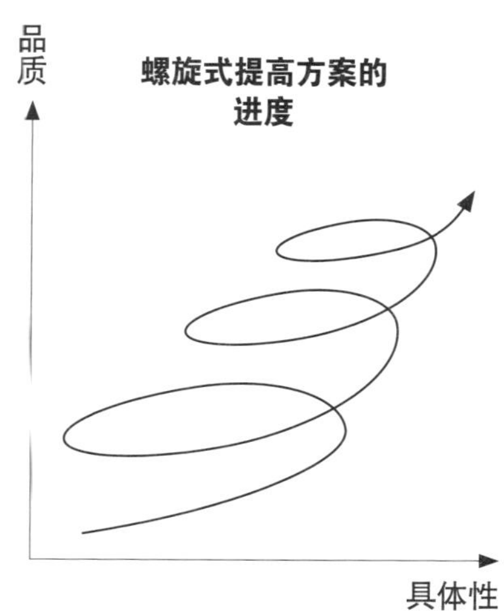

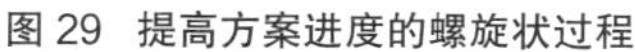
图 29　提高方案进度的螺旋状过程

那么，具体该制作怎样的试制品呢？例如新牙刷的方案，在原牙刷的基础上减小体型，然后涂上颜色，它就变成了一把新的牙刷。还有在设计建筑时，只要画出概念草图或者做出建筑模型即可。但是如果我们现在着手处理的方案是针对产品的，而且是那些连相似物都未曾出现过的产品，那试制品的制作就会比较困难，更不用说连制作对象都非常模糊的服务类产品了。在这里，我将以人、物、事、商业为对象逐个介绍试制品的制作。（图 30）

人、物、事的原型设计

制作有关人的原型设计时基本就以下图表述的信息为主，即使对于马上就要发售的产品，这些内容也是适用的，而且可以说是现阶段最佳的，还可以尽量表述得具体一点，或者用绘画表示。

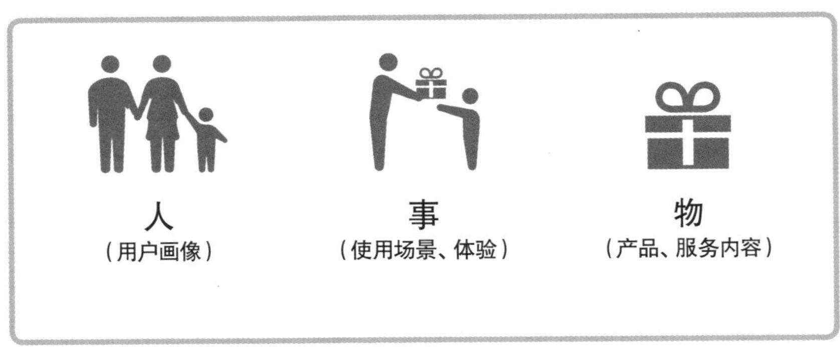

图 30　原型设计的四种观点

①早期用户画像：对某方案最感兴趣，且产品一经问世就会购买的群体或组织，可以用照片或杂志剪报、图示、关键词等表示。在营销领域有一种被人所熟知的、能定位客户画像的思考工具，叫作“persona”（目标用户模型），请试着用制作目标用户模型的要点来精准改善假想的早期用户画像的原型吧！

②用户的课题认识：思考在现今生活中，早期用户会认识到哪些课题，你可以假设，但请将其具体化。因为课题认识是多样性的，所以可以将内容限定在方案所带来的价值和机会区间。

③用户感受到的价值：通过该方案推出的产品会让用户感受到什么价值，请用语言表述。这种语言表述并不仅限于人的原型设计，在物和事的原型设计中也适用，同时有助于加深理解。

④用户行动、价值观的变化：通过该方案，设想早期用户的行动和价值观会发生怎样的变化。该方案在生活中得到应用，在产品发售推广后，用户的行动和与行动相关的价值观，以及对社会课题的认识都会发生相应的变化。就用户的这种变化大胆发挥想象吧！

如果深入研究物的原型设计，是可以写出长篇大论的文章的，我们先从在便笺纸等上写出各个要素开始。当对要素的整体情况有了基本了解后，可以让平面造型设计师画出图示，并让产品设计师制作出能看见、能用手摸，具有立体感的试制品。一开始不需要做得太精细，否则不仅会提高成本，对之后的精雕细琢也会有所影响，会让人产生一些钻牛角尖的想法，或是犹豫要不要重做等，这样就跟原型设计的初衷背道而驰了。因此，以“设计”（= 式样）和“机能”（= 功能）为目标做出基本的试制品即可，之后再在细节上进行加工雕琢。

最重要的是要从用户那里得到具体并具有建设性的意见反馈，并做出“最低实用限度”的样品。（参考资料 33、34）

①**设计：**如果对象是具体产品，要将其形状、颜色、质感等意象具体化。当对象是某种服务，且需要物理性场所时，如果需要应用空间性氛围、设备和智能手机等，可将用户界面等具体化。

②**机能：**如果对象是具体产品，要从技术角度深入探讨该产品需要具备什么功能，需要使用什么零部件等。如果对象是某种服务，还应探讨数据流和分析方法等内容。

制作事的原型设计时需要具体写出用户会在什么地方如何使用，包括使用经过等。另外，还应将获得本次体验的渠道具体化。

①**体验流程：**在人的原型设计中，可以对用户的变化进行简单表述。这里是将用户接触并应用该方案时的行动和情感等以时间顺序排列，并记录下详细流程。

此外，在体验过程中，分析、讨论用户感觉好的地方和感觉麻烦的地方，甚至是否有想放弃体验的冲动等，进而提高方案品质。在下文的用户采访中还将通过体验流程对方案的使用方法等进行进一步说明。此外，关于体验流程，虽然它的用途稍有不同，但是“用户体验地图”等方法论作为普及性的东西是广为人知的，有很多著作可供参考。（参考资料 35）

②**利益相关者分析表：**当方案是针对某项服务时，该服务所提供的价值将关系到很多人或组织。列出相关人员，并整体考虑和整理这些人或组织所发挥的作用。近来的产品方案也多会从产品流通、售后服务等整体上进行考虑、设计，并倾向于通过利益相关者分析表进行统筹规划。（参考资料 35）

对假想的早期用户群体的采访

完成人、物、事的原型设计后，就要对假想的早期用户进行采访。采访的目的是为了在现阶段提出更加具体的方案，并获得建设性的反馈意见。为了使采访更具效果，须注意三个要点。

第一点，由项目成员寻找采访对象。在提案者看来，这些采访对象必须是一开始就对方案感兴趣的群体，也就是说要按照人的原型设计法确定假想的早期用户画像。之后的采访是需要其他方协助的，但确认采访对象的工作尽量不要交给市场调查公司，由项目成员自己负责为佳。

究其原因，主要是因为项目成员们在脑海中描绘的用户群体数究竟有多少，与这些人接触的难易程度如何，只有通过亲身体验才可以加深对这些方面的理解。如果找不到与假想的早期用户画像一致的采访对象，那就说明实际向市场推出该方案时也会遭遇同样的困境。通过寻找采访对象，对确认用户画像所处的社会阶层也有帮助。

第二点，采访的目的不是为了“请求风险投资者投资”。如果是为了拉投资，就应该向采访对象宣称我们的方案是多么优秀，该方案的诞生会给社会带来怎样的变化，市场会扩大到什么程度等，最后就会变成激情演讲。但是，这个采访的目的只是为了提升方案的品质，而且，现阶段重要的是从用户那里获得建议和反馈，所以多是对方案进行说明，或是提一些改善方面的问题。例如，如果问用户“你觉得这方面的市场有扩大的空间吗”，相信对方的回答一定是事不关己、无关痛痒的，没有什么参考价值。

采访时要这样提问:“如果提供这项服务，您会去使用吗？为什么？”“觉得哪里有麻烦吗？”由于采访对象的不同，这些问题的回答是各种各样的，如此，才能获得比较真实、有用的反馈和意见。

第三点，采访不能连续进行，需要分时间段断续展开。所谓时间段就是在同一个方案的原型设计中，进行用户采访的一定时期。为了提升方案的品质，需要及时整理采访内容，就改善意见等进行讨论研究。因此须进行分时间段采访。而且，我要再强调一下，集体采访的形式是不可取的，原则上采访需要逐个进行，在提出方案的同时获取反馈，一般需要花 2 个小时左右的时间。

其次，为了使方案的品质得到充分提升，最佳的采访次数应该是多少呢？关于这个问题，说实话我也没有确凿的理论支持。不过从经验和其他方面来看，一次采访的对象一般限定在 3~5 人为佳。如果没到 3 人，可能会因为意见过少而无法找到方案的改善方向和重点；如果超过 5 人，又会因为用户的反馈分歧较大而找不到改善的方向。因此，在实际的项目中，会以 3~5 人组成 1 次具体采访，采访结束后稍作休整，之后进入对“主干”和“枝叶”的考察。

从“主干”和“枝叶”的角度提升方案品质

一般来说，我们把事物的本质和要点称为“主干”，把其他细枝末节称为“枝叶”。本书采用“主干”和“枝叶”的表述形式来解释说明内容分析和品质提升的过程。

通过之前进行的一次 3~5 人的用户采访，就现阶段的方案内容应该可以获得一些反馈意见。回顾采访内容时需要严加区别哪些是基于用户反馈和观察信息的“事实”，哪些是基于自身考察结果的“启发”。如果把事实和启发性信息混为一谈，那只会使思考更加混乱，对于如何提升品质，如何做出正确决定就更加不知所措了。

重要的是以事实为基础，从中解读启示的同时提升方案品质。因此，采访时要尽量用录音设备记录下采访内容，之后再委托专业公司等将这些录音转换成文字的形式。也有人觉得自己做的笔记已经足够了，但以我的经验，就算是经验和专业知识都很丰富的项目经理或小组负责人都只会记录自己觉得重要的内容，并且只对那些对自身有利的信息有印象。当然，也有不少人才能越过事实顺利地得到合理有用的启示。这是一种能高效处理信息的优秀技能，但在进行有目的的采访时，还是要尽量保证无论是谁都能在了解事实原委的基础上再展开深入讨论。

关于现阶段的方案内容和今后提升品质的方向，可从转换成文字的采访内容中提取重要的事实信息。信息的重要程度因人而异，需要尊重每一个项目成员的特点，因此，可以让他们在便笺纸上写出个人认为重要的内容。写好后，须向其他项目成员介绍为什么你认为这些信息比较重要，对于方案品质的提升，这些信息又具有什么样的重要意义，也就是在“启发”方面进行深入讨论。

根据采访结果进一步加深讨论后，方案将按照图 29 所示的螺旋状线路稳步推进，或者转向重新制作试制品的思考过程中。但是没条理地重做试制品是无法提升方案品质的。因此，需要应用到“主干”和“枝叶”的概念。可在较大的模造纸上画一条横轴，写上“人”“物”“事”三个标题，再相应地画一条纵轴，写上“主干”“消极枝叶（消极部分）”“积极枝叶（积极部分）”。关于人、物、事的解释就如前文所述，这里有必要对主干和枝叶再稍作介绍。

主干：方案的核心特点，今后基本将以此为中心继续推进方案，需要特别注意。

消极方面的枝叶（消极部分）：作为方案的特点应该去除或者减弱的部分。特指对用户来说比较麻烦，想要略去的动作，或者是产品中不必要的功能和装饰等。

积极方面的枝叶（积极部分）：作为方案的特点应该强调或者追加内容的部分。该部分内容并没有包含在上一阶段的试制过程中，将在下一阶段进行追加，或是在上一阶段的试制过程中已略有涉及，须在下一阶段进一步强调。

如图 31 所示，作为“启示”，在这些项目名称相交处，用便笺纸写下下一阶段的试制品特点。这项工作难度很大，但如果通过回顾用户采访并以事实信息为基础认真操作，你会发现接下来的思考工作会进行得非常顺利。这些启发性内容都是个人努力的劳动成果，之后项目成员们将根据这些内容进一步深入讨论。接下来就是循序渐进地重新制作试制品，继续推进第二阶段的螺旋式进程。

从制作试制品开始，到采访调查，再通过分析采访结果提取对下一阶段的试制过程有启发性帮助的内容，这就是精炼方案的一系列过程。可以说这是一个由很多时期组成的过程，如图 29 和图 32 所示，呈螺旋式、循环式推进。

接下来的难题就是这个所谓的时期需要重复多少次呢？这里我提出三个比较现实的管理指标。

第一就是根据“项目期限”控制次数。也就是说，如果项目要求精炼方案的时间不能超过 3 个月，那么就在这 3 个月内尽可能地不断重复上述过程，换句话说，3 个月时间一到，就必须转向下一项工作。

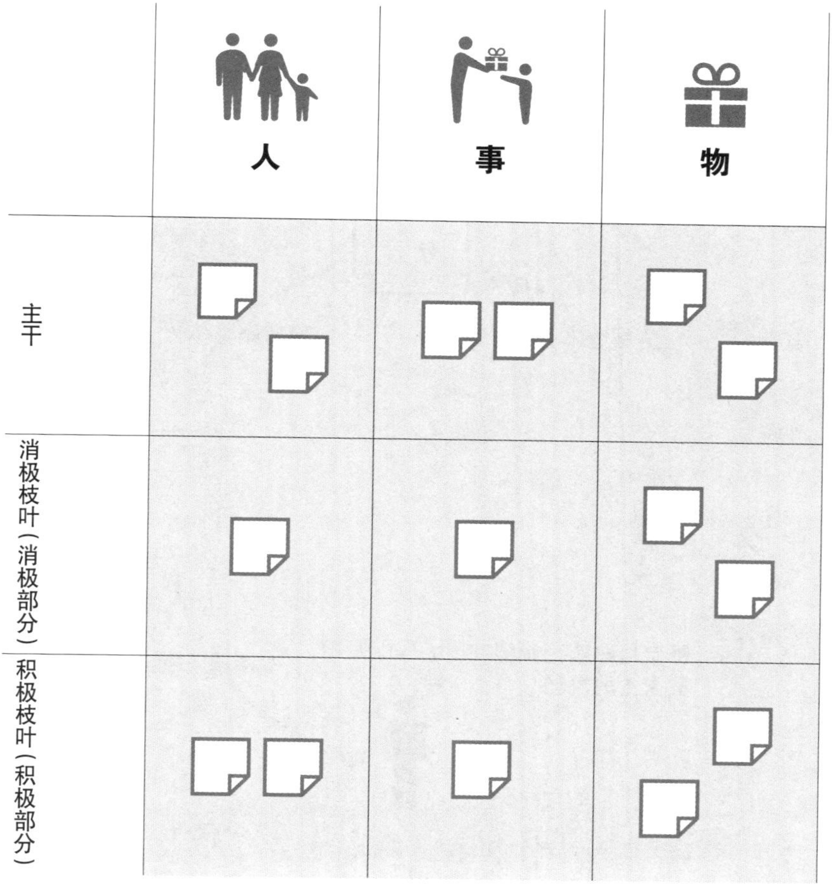

	人	事	物
主干			
消极枝叶（消极部分）			
积极枝叶（积极部分）			

图 31　精炼方案的分析方法

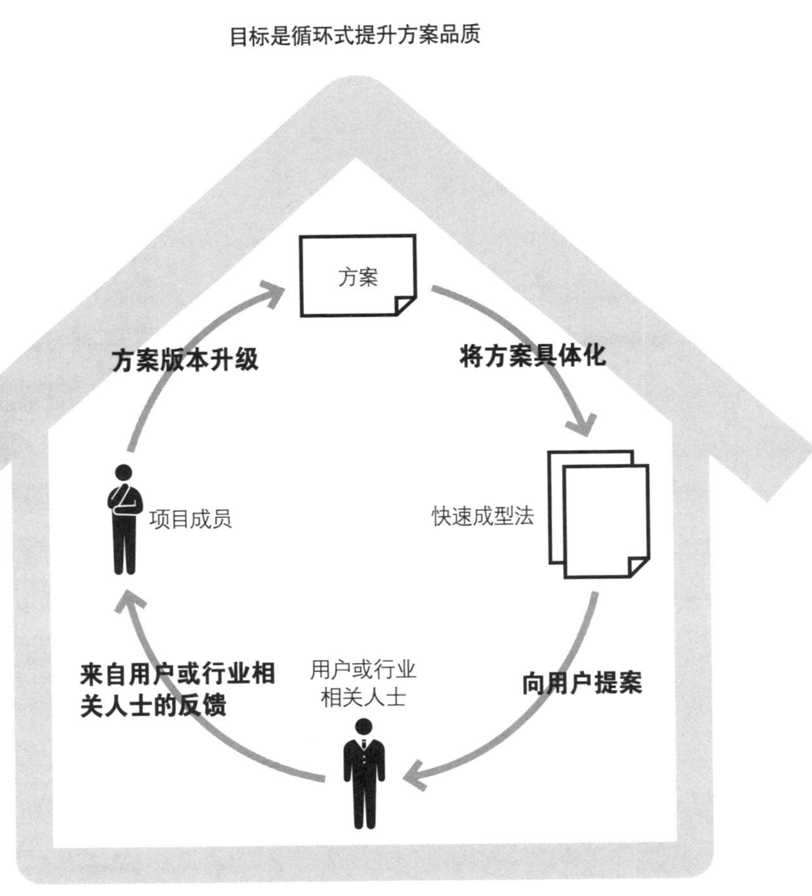

图 32　通过用户采访循环式提升方案品质

第二就是向用户询问“假想价格”，该价格的平均值如果达到商业模式上的设定水准，即结束该时期工作。向用户介绍方案内容，在其充分理解该方案所带来的价值的基础上，询问与该价值等价的假想价格。需要注意的是提问的方法，不能问“多少钱会买”，而应该问“如果摆在店里，你觉得会卖多少”。

通过金钱的衡量能让用户更加清晰地认识到方案价值的大小。此外，让用户对该方案的价值定价的同时可以询问其参照了其他什么产品或者服务。是参照专家服务，还是 App，或是在一贯的分销渠道的影响下参照店里的普通产品定的价格区间等，尽量从用户对方案的看法中获取有用信息。

最后要用到“购买意向率”。比如在假想宣传册上印上产品规格、使用范围和价格等，以仿佛下个月就要发售为前提，确认用户的购买意向。

以上就是对三大指标的介绍，请在考虑项目目标和具体安排的同时区别使用。

商业体系的设计成型：只有普及后才能被称为创新

在原型设计的最后要讲到商业体系的设计成型。前文介绍了在人、物、事的原型设计中使用的方法是进行用户采访，而提升商业体系的品质要用的方法却与此不同，须另行介绍。

思考商业体系的设计成型时惯用的工具是一种被称为“商业模式画布”（参考资料 36）的基本架构。这是一种通过动态发展的团队活动持续设计商业模式的思考工具，受到洛桑大学的伊夫・皮尼厄教授等人的推崇，介绍商业模式画布的书也成为世界畅销书籍。商业模式画布是一种包括“价值主张”“目标顾客”“分销渠道”等九大要素的基本架构。设计商业体系时，将该基本架构画在模造纸等较大的纸上，在纵观整体商业模式的同时，用便笺纸等写好要点，然后贴到各个小方框里。商业模式画布的优点就是能在掌握全局的基础上设计商业体系。之后，只要将各方框的内容以PPT等形式详细展开，就能做出常见的商业计划书了。

此外，在介绍事的原型设计时提到的“利益相关者分析表”，也最好试着从商业模式的角度重新制作。之前的介绍都是站在用户的视角，但如果想要顺利开展项目，还有很多必要的人和事，以及两者之间的关系需要关注，而这些内容往往是用户看不到的。

如前文所述，商业体系的原型设计也旨在螺旋式提升品质。但是提升品质的方法不是通过用户采访，而是通过对外部专家和公司要人的采访。外部专家可以是风向投资者、工商学院教师、创新教育学院的教师等。而公司要人也并非以职位论，可以是该行业中颇具开发经验的员工，也可以是在对行业有超前认识或者行业内人脉广泛的员工。

争取尚未消费的客户的方法

想要开拓新市场，光设计商业模式是不够的。归根到底，商业模式表现的是其成立之后的稳定状态。同时，在这种稳定状态下的开拓市场的战略也是需要事先计划的。尤其是在开展新市场破坏性创新时，首先就要让尚未消费的用户了解作为最新亮点的方案价值，随之制定一系列开拓市场的战略。具体可见图6，持续性创新是大企业之间的竞争，低端市场破坏性创新是大企业和新兴企业之间的竞争。但是新市场破坏性创新不同，无论主体是谁，都是为了争取尚未消费的用户和改变尚未消费的情况。这是非常大的区别，希望大家一定充分理解。那么，在争取尚未消费客户的过程中，要注意哪些要点呢？

这里我介绍两种比较实际的争取尚未消费客户的方法。

（1）情节性诉求

前文提到评价方案的第五个观点是“极高的价值内涵”。它意思就是该方案是否包括重要的价值观和想要实现的世界观等。新市场破坏性创新下的用户购买行为，与已有消费倾向但习惯货比三家的购买行为是完全不同的。在新市场破坏性创新下用户开始消费的契机，与其说是用户看到了具体的优点，不如说是认同了方案内含的抽象价值观和世界观。例如通过众筹资金启动的产品开发项目。出资的回报就是将来产出的产品，大多数情况下，实际上就是一种“预约订购”。而小型投资的回报以感谢信等为主，投资的动机一般是为了支援自己梦想中的项目。此外，在其他众筹项目的推进过程中，为解决社会课题而推出的产品、服务和做出的努力获得全世界认同的情况也不少。

在电动汽车中，最近发售的特斯拉“Model 3”（约 350 万日元）绝对不算便宜，但仅 1 个月“Model 3”就被预订了 40 万台，也就是说，1 个月就有 1.4 兆日元的销售额进账，这一度成为当时的热门话题。（参考资料 37）

Model 3 的惊人销量跟汽车本身的高品质及迄今为止价格高昂的特斯拉汽车的品牌效应是分不开的。但单凭这两点还不足以说明 Model 3 的成功，更无法解释这种爆发力的来源。相信对特斯拉公司的 CEO 埃隆・马斯克描绘的可再生能源铸就未来社会的认同，以及对挑战改变世界的憧憬之心，就是这种爆发力的源头所在。之前在该领域尚未消费的人们对特斯拉 CEO 埃隆・马斯克所描述的情节产生“共鸣”，这种共鸣也成为开拓 EV 及相关市场的契机，发挥了重要作用。

方案创意新颖，其价值主张往往在初期得不到充分认可，也正因为如此，该方案背景的“情节性”和“价值观”才更易被人们所接受和认同，这也成为购买行为的契机，在新市场破坏性创新中这些现象就会表现得更加明显、有效。今后，以对方案故事情节的认同感为起点的普及模式可能会成为改变未消费状况的固定手段，并得到广泛应用。

（2）社会团体的形成

第二种改变未消费状况的方法就是“形成社会团体”。在我们的日常生活中，在对某款产品或者服务的本质并不了解的情况下，由于自己熟悉或者信赖的人正在使用该产品或者服务，最后也加入了他们的行列，这样的情况时有发生。例如开始使用手机的其中一个动机不就是自己的朋友、熟人也在使用吗？近年来，像这样以已经建立的信赖关系或是所属社会团体为动机，购入价值不明的产品和服务，或者参加某项活动的现象正在逐渐增多。

例如索尼公司企划并发售了能够改变家庭生活空间的智能家居系列产品——“Life Space UX”（参考资料 38）。在发售这一系列产品之前，在日本全国各地举办了多场与用户一起考虑使用场景和方法的研讨会。该系列产品旨在给用户带来全新的家居生活体验，所以让用户说出使用感受及考虑新的使用场景是非常有必要的。而且，依经常召集各方人士在 i. school 举办研讨会的我来看，索尼公司通过研讨会不仅加强了企业和用户之间的联系，还同时形成了一个认同产品、又对产品非常感兴趣的用户关系网络。街谈巷议既很有影响力，也有一定的宣传效应，但是这并不是我想说的。我认为，通过举办研讨会形成以用户为核心的社会团体后，其他尚未消费的用户就会试着加入这个团体，这也形成了有效契机，能够促使他们接触价值主张模糊的产品。正因为产品和服务的价值不明，所以只有通过加入社会团体或者人与人之间的联系来促成使用契机，这也许将成为改变未消费状况的固定手段。

预测“市场机会”和“预期销售额”

因为创新型方案成功与否的不确定因素太多，所以想要预测经济回报并不是一件容易的事。在管理现有市场时一般都能精确预测市场规模及其变化、销售额等。但在创新型方案中仅仅只是确定了商品类别，并没有做出具体的产品，这种情况下的预测是非常困难的。市场尚未定性，更没有统计数据，用户会对价值主张做出怎样的反应，这些都不得而知。但是，事实证明若屈服于创新型方案的“不确定性”，只会导致整体踌躇不前。公司的经营层有保证公司在未来 10 多年持续、稳定发展的责任，但在任期短暂和一部分股东提出高要求的压力影响下，就会无意识地优先推进那些短期见效，且无不确定因素的方案。另一方面，开拓新市场需要一个长期努力的过程，而且不确定因素太多，就算成功了预期经济回报也不够明显。因此，制定、推进乃至实现创新项目是需要投入大量经营资源的，对经营层来说，这是一个难以抉择的问题。

但是，为了公司的持续发展，公司经营层是有在发展原有市场的同时，开拓尚未确定的新市场，尤其是创新型行业的想法的。而且在自己引退之后，也期望创新项目的成员们成为带领公司继续成长的下任高管团队。既有开创未来的积极想法，又要使经营风险最小化，公司经营层时常在这种进退两难的境地中做出决策。

在这样的前提下，站在公司经营层的立场考虑，在项目团队展示方案时，需要对该行业的经济性规模及市场前景设定一个目标，即“助力经营层推进该方案，并提供理论支持”。人并不一定要基于合理的原因做出决定，也可以在做出决定之后再寻找支持这一决定的理由。以我的经验，越是重要的决定越有这种倾向。

当然并不是所有关于经营的决定过程都适用于后者，就说现在考虑的开拓新市场的决定，其中就包含了很多不确定因素，公司经营层也深知这一点。所以如果能准备好支持这一特殊决定的理由，像“能让经营层说服自己的理由”之类的，将会更加有效。

虽然创新型方案带有不确定性，但是在做经营决策时还是需要通过定量分析预测投资或者“保证未来持续性”方面的回报率。

因此大家要事先预测“市场机会的规模”和“预期销售额”。虽然目前市场尚未出现，但是一直受关注的机会领域将来形成市场后有望产生多大的规模，这就是市场机会的规模。而预期销售额就是指在该市场中自己公司能取得多大的市场占有率，有望获得多少销售额。

预测现有市场的规模时，一般使用宏观数据的上情下达和通过累计购买人数、购买频率、单价等数据的下情上传。以开拓新市场为目标的方案是可以用这两种方法来预测市场规模和目标销售额规模的。我自己也经常用这两种途径来计算，但展示方案时的陈述理由还是让人感到乏善可陈，而且很难站住脚。

与普通的切入点不同，这里介绍两个我认为理由、论据充分，且论述流程合理的案例，并详细说明其合理性的原因。

市场机会预测案例 1
日本大型停车场运营公司“Times 24”的 24 小时停车场

如今，日本全国各地随处可见“Times 24”公司的 24 小时停车场，这是典型的新市场破坏性创新。1991 年以前“Times 24”公司只有包月停车场和店铺停车场，尚未推出 24 小时停车场的服务，也没有按小时收费的概念。（参考资料 39）

那么，当时是怎样预测 24 小时停车场的市场机会规模和预期销售额的呢？一般情况下，通过研究包月停车场市场规模的统计数据，可以得出理论上的市场占有率，从而算出 24 小时停车场的市场机会规模。乍一看逻辑通顺、合情合理，但从用户角度考虑就会发现，包月停车场和 24 小时停车场的利用契机和价值主张都不一样。而且听到前文提到的预测市场机会规模的方法后，人们还会提出“为什么要去 24 小时停车场，而不是包月停车场”这样简单的问题，可见，这个方法是不足以让人信服的。此外，该方案的根本目的也并不是想用 24 小时停车场来取代包月停车场。

如果是我，我会从用户的使用契机和动机入手，预测市场机会规模和预期销售额。首先要建立一个假设：用户利用 24 小时停车场的契机是因为害怕违章停车的罚单和罚款。接着设定将提供违章停车不被举报的“保险服务”。之后结合“汽车数量”、违章停车时的“违章停车举报率”，以及“每次违章停车的罚款金额”等数据，就能算出市场机会规模。再简单点，如果能找到“年度违章停车罚款总额”的统计数据就更好了。

市场机会预测案例 2
咖啡店与便利店的关系

接下来介绍典型的低端市场破坏性创新的案例。近年来，在便利店也能买到咖啡馆的人气菜品——咖啡和鸡肉类食物了，可见，开拓新市场的案例在逐渐增多。咖啡馆的食物物美价廉，但便利店在此基础上还提供了便捷的附加价值，这就形成了新的市场。例如，在便利店卖甜甜圈有望达到多大的市场规模呢？可以从便利店在售的面包和点心类食物的市场规模中预测甜甜圈的市场占有率吗？我认为只要把咖啡馆的菜品置于便利店贩售即可。

据我推算，星巴克等直营连锁店的市场规模已经达到了 2500 亿日元左右。而便利店收银台旁边的自营咖啡和冷藏柜里的咖啡饮料的市场规模也有 2000 亿日元左右。提供 KFC 炸鸡等食品，且以炸鸡类食物为主要菜品的咖啡馆，其市场规模有 2000 亿日元左右。而便利店收银台旁边的油炸食品和鸡肉类食物的营业收入规模也达到了 1500 亿日元。不管是咖啡还是鸡肉，都是先在咖啡馆打开市场，随后在作为低配版的便利店逐渐稳定，并达到一定市场规模。

这里提出一个简单的假设。“便利店作为咖啡馆的低配版，其食品的市场销售规模大约是后者的八成。”由此可以得出，作为低配版，便利店的甜甜圈市场大约是咖啡馆甜甜圈市场的八成。另外，便利店是根据货架面积来设定基准营业额的，所以关于是否引进甜甜圈，可以设定一个最低基准的营业额。例如，先计算咖啡馆的甜甜圈市场，那么它的 80% 就是便利店的市场机会规模。其次，根据便利店现有商品的货架面积设定最低基准的营业额，研究甜甜圈的市场机会规模是否会超过这个最低值，接下来就能探讨便利店是否可以引进甜甜圈了。这个案例的优点就是通过再现其他案例，成功将在便利店建立甜甜圈市场这“第三条泥鳅”（该词源于“柳の下にいつも泥鰌はいない”这句日文中的谚语，原意为柳树下的水边偶尔能捉到泥鳅，但不一定总能捉到，衍生意思为一次成功不代表次次会成功。这里的第一条泥鳅是便利店的咖啡饮料市场，第二条泥鳅是便利店的油炸食品、鸡肉类食品市场）以数字化的形式表现出来。

接下来需要在这个市场机会中估算预期销售额的规模。这里要先提出一种假设：一段时间后，率先开拓市场的领先企业将获得该范围内 50%~60% 的市场占有率。一般我们简单推算为 50%。说实话，这个假设并没有经过严密的分析和研究，只是每当开发新市场后就特殊行业领域和产品种类进行市场规模和市场占有率调查时，会发现较多案例与该数据相符。因此在实际操作中，为简化推算过程，就经常使用这个便利的假设。另外，还有一种比较方便的经验可以套用，该市场范围内排名第 2 的企业，其市场占有率是第 1 名企业的 1/8，排名第 3 的企业是第 1 名企业的 1/16。在已有既定目标的机会领域内，推算未来有望达到的市场机会规模，对此可以通过争取以头名企业的身份参与开发市场，或是特意退而求其次，结合上述经验法则推算出预期的销售额规模。

以上就是推算市场机会规模和预期销售额规模的诀窍。我承认，关于假设的精确度和数字的分辨率尚有“粗略”的地方，不过不要忘了我们的最终目的是为了“找到能说服自己的理由”。与方案其他的构成要素价值主张、目标顾客、分销渠道等一样，市场机会规模和预期销售额规模只不过是一种假设。重要的是在人、物、事、商业体系的设计成型中一并探讨市场机会规模和预期销售额规模的“模型”，以便在展示方案时向公司经营层进行阐述说明。其实，这里的意思是比起数值的精确度，更重要的是在综合考虑、研究的前提下，尽快做出积极肯定的判断。

第5章

改革创新项目的设计和管理案例

在 i. lab 经手的项目案例
——参与设计过程和提出方案

第 5 章将从在 i. lab 经手的案例入手，介绍如何设计和管理创新改革项目。i. lab 是提出并实现创意的专业咨询公司。它是由东京大学 i. school 的理事会成员在 2011 年创立的。为解决经营难题，普通的管理咨询公司都将精力集中在项目的设计和管理上，但 i. lab 还会参与提出方案的过程，这也是它的特别之处。设计咨询公司不会针对性地设计每个项目，基本都是由比较熟练的创作人或者设计师按照主题使用自己擅长的方法，并在一段时间后将最后的方案提交给客户，这也是设计咨询公司所擅长的。而 i. lab 提倡与客户的协作，根据每个项目的特点，以客户代表的参与与否为前提，有针对性地进行设计，这是 i. lab 的另一个特点。

因此，随着近年来以人为本和设计思维风潮的兴起，i. lab 聚集了一大批工商管理、工程学、自然科学专业的员工。i. lab 结合了经营管理咨询公司和设计咨询公司的优点，为广大客户提供服务。

i. lab 做得最多的项目就是提出带有开拓新市场、新领域理念的产品、服务，以及商业体系的方案。其提案的目标定位并不是简单地翻新旧方案，或者生产同一类型的新产品，而是旨在开发新领域，甚至创造全新理念。从某种意义上来说，这些项目的出发点就是要做第一个吃螃蟹的人。后文介绍的三菱重工集团和汽车行业相关的案例就属于这一类项目。

与创新相关的企业课题并不仅限于提出关于带有新型理念的产品、服务和商业体系的方案。尤其对制造厂家来说，大多数都致力于以“持续性创新”为目的的研究开发活动。在这种情况下，不需要为了开展破坏性创新而改变之前的体制和方法，只需要由公司内部为持续性创新活动做出 10 年后的技术任务决策和技术蓝图即可，当然加入一些破坏性创新的要素等大多也是比较现实有效的。后文介绍的大力开发生活类商品的 LIXIL（骊住）的案例就属于这一类。

i. lab 还会就创新计划提供咨询服务，主要包括客户企业内部持续开发新产品、服务和新产业的业务设计过程，以及组织改革、人才培养战略等。在公司内部募集新方案，试图与其他新兴企业展开合作，这些创新计划的制定 i. lab 都有参与其中。后文介绍的 SCSK 经手的信息系统开发的案例就属于这一类项目。

接下来介绍下 i. lab 和客户企业共同推进的项目。对各个案例不进行归纳总结，尽量就其特点进行解释说明。希望对大家进行改革创新项目的模拟演练有一定帮助。

三菱重工集团案例：开拓新领域——让城市供水基础设施建设焕然一新

三菱重工是日本屈指可数的制造企业，它为能源、环境、交通和运输、防卫和宇宙、机械和设备等众多领域提供产业基础设施。近年来，还一直致力于发展中长距离客机 MRJ（Mitsubishi Regional Jet）和航空宇宙事业、可再生能源事业等未来的筑梦计划。另一方面，从全球化角度来看，由于美国通用电气公司（GE）和欧洲西门子公司的高速发展，以及其他发展中国家制造企业的不断进步，三菱重工现有的产品群和产业领域遭受到了前所未有的冲击和挑战。在这样的大环境下，三菱重工集团迫切希望开发出能成为下一个事业核心的革新性领域。另外，尤其是三菱重工的年轻员工们，目前已经有了一种危机意识：若要在将来的某一领域担任要职，就要从现在开始由他们自己着手去开发这个新领域。

各部门联合开展的事业开发项目“K3”

在这种危机意识的作用下，就出现了各部门联合开展的事业开发项目“K3”（参考资料 40）。项目负责人是当时 35 岁左右的八木田宽之先生，他在现有的产品领域成绩出众，是三菱重工的“精英人士”。项目名称“K3”中的 3 个 K 代表“Kiai（精气神）、Konjo（毅力）、Kilo（想出 1000 个方案）”的意思。事业开发的成功率大概是 3‰，即 1000 家公司里有 3 家成功，所以这里认为想出 1000 个方案，大概有 3 个会成功。因此，从名称上就不难感受到该项目负责人的性格特点、成员们的干劲及该项目所呈现的氛围。

该项目聚集了 32 名三菱重工各事业部的年轻骨干，以“推出在未来城市生活中实现循环高效的能源生活的产品和服务”为目标，历时 8 个月在 i. lab 的支援下逐步推进。关于项目成员的构成情况，主要核心成员是身为项目负责人的八木田先生和其他 2~3 个 30 岁左右、干劲十足且能力出众的年轻员工。不过，由于项目各阶段任务的专业需要及公司内部的人事调动关系，该项目自始至终的核心成员只有八木田先生 1 人，年轻成员在中途被换掉了。而 i. lab 方面的主要负责人是固定的两个人，另常配备两名助手，根据项目推进过程中任务内容的变化会采用随机应变的对应方式，选择专业对口的助手进行适当调整。

关注未来发展中国家城市人口密集化问题

K3 项目同时从民众和技术的角度出发展开调查，旨在从这两个方面综合寻找蕴藏着新事业方案的机会领域。民众视角方面主要采用参与式调查，通过在日本国内 4 个地方和除日本以外的 3 个城市的采访调查，从一般民众的视角出发找出未来城市生活中潜藏的课题。例如，因为在项目开始就考虑过水资源再利用问题，所以项目成员去到拥有先进的水资源再利用系统的长崎县佐世保市的豪斯登堡主题乐园进行调查。在豪斯登堡主题乐园内，会将所有的排水聚集起来，经过高度净化处理后再次使用。豪斯登堡主题乐园内经过处理的水平时是不作为饮用水的，但参与式调查的实践经历是最重要的，所以也有项目成员就试喝水时的心理障碍问题展开深入讨论。

另外，关于基础设施和人类之间的联系方式，为了加深对该方面的理解，还开展了面向一般民众的采访。同时还向那些虽不是建筑专家，但自己动手在山间建造小木屋，自己整修水管、净化槽设施、配电盘等基础设施的人请教。他们的房子后面往往配备使用煤油的热水器等，这里特地不用燃气，而使用煤油这种既能让自己也能让孩子们看见其状态的能源。对于生活基础，我们之前对基础设施的印象是尽量不使其显眼、不使其引人注目，设计基础设施的初衷，甚至连普及推广的理念，都是希望人们能在无意识中使用这些设施，但从这里可以看出，也有一些民众的价值取向恰恰与之相反，他们反其道而行之的思维方式也将对之后新方案的提出有所帮助。

从技术角度出发也需要调查 300 个种类

另一方面，在从技术角度出发的调查中，共研究分析了公司内外的先进技术、产品约 300 余种。来自公司各个部门的工程师、销售人员、知识产权和财务相关人士从人类角度出发，探讨与项目关注的技术课题相关的先进技术和产品的价值，并分析、研究相关功能、形状的概念。其调查结果将被应用到接下来的改革创新工作中，所以会将每种技术或者产品以照片、系统图、关键词的形式制成卡片进行归纳整理。这些思考工作不仅能锻炼发现一项技术或者一件产品的本质价值的能力，还能在脑海中形成完整的体系以进行系统分析，从而在下一阶段正式提出方案。通过自己公司的技术或者产品开拓新市场的提案思路也是可行的，尤其对三菱重工这样技术资产尤为雄厚的企业来说，这也是一种比较适合的方法。人类视角和技术视角的最终调查结果表明，最有潜力的机会领域就是“未来发展中国家城市人口密集化加剧后随之而来的种种问题”。

综合考虑未来城市居住者和技术，提出 1040 个新商业企划案

通过民众视角及技术视角的调查和分析，再结合具体的未来城市生活景象和可应用的技术对方案进行构思。有通过灵感卡片发散思维的类比推论法，也有试着提出超出现有概念的方案。反复讨论后，提出了1040个商业企划案。

之后，项目组召集来自公司各个部门的专家约 40 人对机会领域和这 1040 个方案的实现可能性和预期收益进行了评价和讨论。先是发散思维提出各种方案，接着是对这些方案做出精准、简洁的归纳性评价，经历这些过程后，再将之前设定的机会领域“未来发展中国家城市人口密集化加剧后随之而来的种种问题”逐渐精炼为“在城市化进程加剧或者减退的过程中的小规模分散型，且具有较高适应性的基础设施”。

例如日本的二、三线城市的人口在经过高峰期之后就会呈现规模性缩减

的态势。在城市规划领域对于这种社会性变化提出了一种叫作“紧凑型城市”的理念。在该理念下积极改善城市基础设施建设时，如果还沿用像现有的城市上下水道系统这样适应性不高的基础设施，那将会增加更多的维护成本。另外，基础设施需求减少之后，现存设备的维护成本也将大大增加。（参考资料 41、42）

因此，在成长型城市和缩小型城市中“如果基础设施能够缩小就方便了”的思路就应运而生了。反之，在人口激增的印度德里和印度尼西亚雅加达等地，因为无法预测人口增长的程度，所以要想尽快建造大规模的水库、净水设施、发电站等基础设施是很困难的。在这种情况下，自然而然地就会更加具体地去考虑“人口增加后可以增设的基础设施”这个问题。（图 33）

通过公司内部评价和对机会领域的追加调查，在综合考虑方案的创新程度、社会影响力及作为新的商业领域，对三菱重工来说是否具有现实意义等之后，筛选出 10 套方案。紧接着在最后的精选阶段，就这 10 个方案与公司经营层直接面对面地展开讨论，在经营层及项目成员们都认可的前提下，最终精选出两套方案。最后精选过程中的讨论并不是简单地让大家认可这些方案，而是通过事先设计讨论目的和讨论内容，在讨论过程中得到建设性的意见和反馈。项目最后的这个过程也是为了提升最终两套方案的品质，具有非常重要的现实意义。

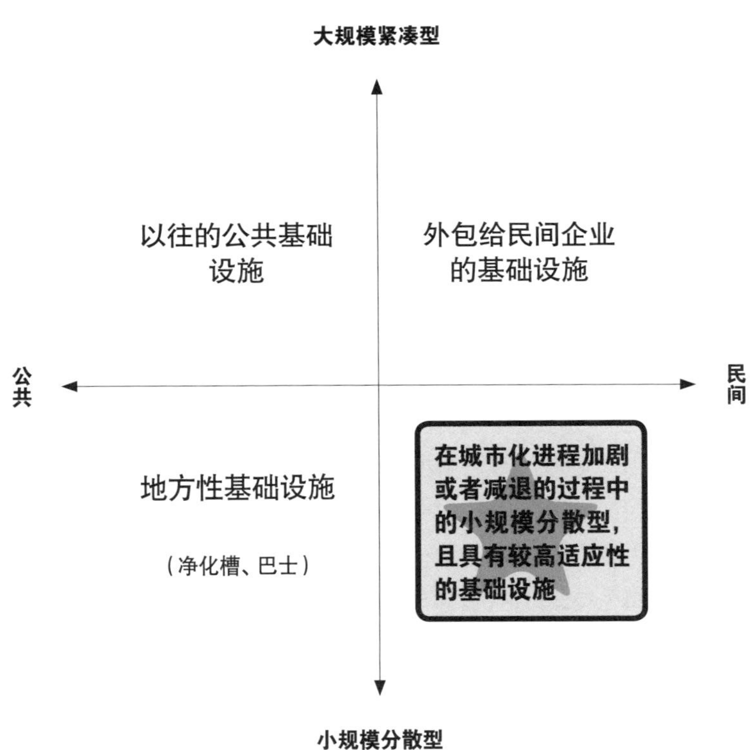

图 33　该项目设定的机会领域示例

构筑未来上下水道基础设施系统的商业模式

两套精选方案的其中之一就是“Private Water System”（私人供水系统，以下简称 PWS）。PWS 是民间企业以城市中数千人以上的大楼、住宅为对象推出的未来上下水道基础设施系统。（图 34）

PWS 的特征大致有两个。第一个是净化、循环水的“模块型系统”，在大楼及住宅内被广泛使用，该系统用最先进的技术（反渗透膜）对生活用水（洗澡、厕所、厨房等）进行高度净化处理，使其洁净度超越自来水，并就水质、水量进行循环供给。第二个特征是单独的“排水收费系统”，该系统并不像自来水那样按照用量收费，而是按照水质和排水量进行收费。因为有计划地控制污水量就能降低费用，所以这也能提高人们节约用水的积极性。

乍看之下这些特征看起来更加侧重于技术和商业方面，但是通过普及具有这些特征的 PWS，也是想解决世界水资源不足问题，并尽可能改变世人的行为习惯，让人们意识到节约用水的重要性。

i. lab 非常重视以人类为中心的思考方式。不仅在调查和提出方案的时候，在方案确认的最后阶段也会综合考虑人类的思考方式和行为会因为该方案发生怎样的变化，整个社会又会产生怎样的积极改变，同时实现这一变化的具体产品和商业体系、事业战略又是怎样的等。

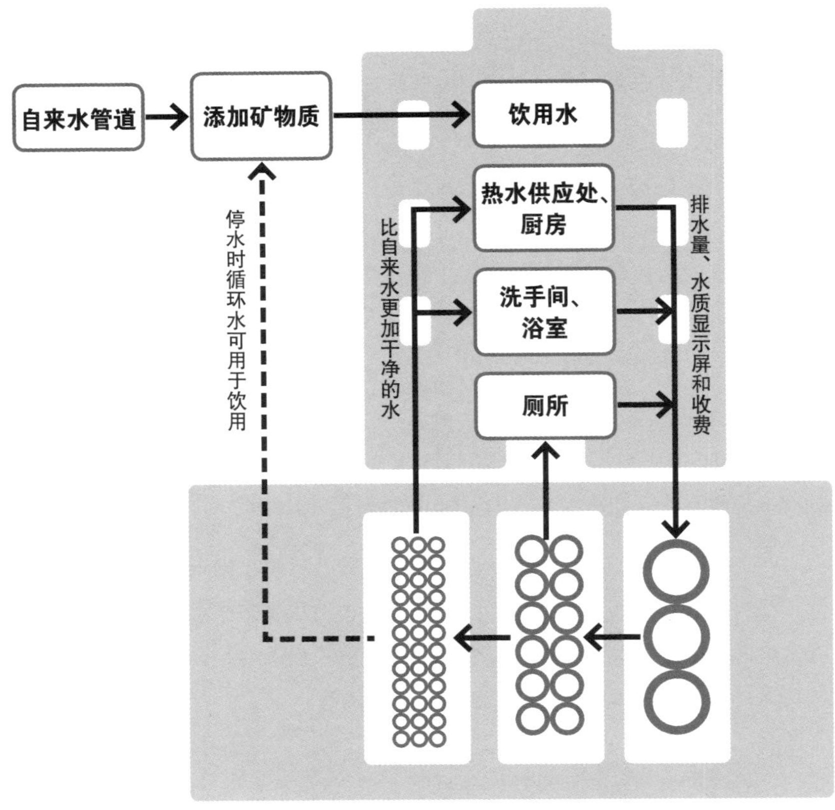

图 34　未来的上下水道基础设施“Private Water System”（PWS）

提出申请后，仅两个月就获得了专利权

针对包括 PWS 在内的 K3 项目成果，即两个商业企划案，为了确保它们的竞争优势和更多的市场开发选择，共计申请日本国内专利 20 项（PWS15 项，另一种方案 5 项）。对 PWS 审查时用到了“超快审查”，距离提出申请仅两个月就获得了两项重要专利的特权。到现在为止提出的所有专利申请共 15 项，都获得了成功。现在正在办理申请国际专利的手续，有望在主要地区申请成功。

在具有高度不确定性的创新事业项目中，作为研究开发业务之一，专利特权也是曾经的公司内部评价活动的指标之一，专利的取得也保证了企划案的创新性和可行性，是项目成功的有力后盾。K3 项目的目标是开拓新市场，建立全新的商业体系，所以其内部评价结构尚未建立完整，不过，即使反映出来的是现有研究开发业务的评价指标，但因为强调这些现有指标的较高实用性，所以项目的推进也变得更容易。而且，用与现有业务同样的评价指标展示项目成果，即使该改革创新项目具有较高的不确定性，最后也不得不承认其成绩了。

另外，该项目涉及的人员遍布集团各事业部，与项目相关的成员就有 32 人，约 40 人参与了专家评审，因此，与该项目有关的人员共计 72 人。我们也积极举办了一些像这样可以聚集多数人参加的宣传活动。在方案的提出、实现，以及向客户提出方案后进一步普及、扩大的创新过程中，在初期阶段就要认识到项目各阶段与关键员工建立联系的必要性。缩小项目规模就能加快进程，但整个团队的动力（势头）就会稍显不足。本质上，新方案带有诸多不确定因素，这时不要只想着用数字和理论来说服旁人，也要在改变个人想法，增加团队动力方面多下功夫。

要想在改革创新项目中拿出成果，其秘诀是什么？

——听听身为项目负责人的八木田宽之先生（三菱日立电力系统株式会社服务总部横滨服务部技术战略组代理组长）是怎么说的吧！

接下来是实际担任项目负责人的八田木先生的成功秘诀，以下摘自其本人的原话，在作为项目负责人需要具备哪些能力等方面可供大家参考。

总而言之，可以归纳为一句话："目的是什么。"我认为只有当某样产品或服务等在世界上得到普及，同时改变了人类的行为习惯，给社会带来巨大进步时，才能称之为做出贡献。随着世界人口的增加，有限资源逐步吃紧，在不增加资源绝对量的情况下，如何将有限的资源合理运用到极致，如何建立一个有利于生态环境的循环性社会，这些都是我的使命。而且，我也希望通过将类似的城市基础设施传递到世界各个角落，给下一代甚至下下一代留下一个光明的未来。

以上也是我所设想的新事业的最终目标，建立市场体系，获得营业额，产生利润，这些离目标还相距甚远，它们只是达成目标之路上的一个小插曲而已。要想克服困难，达成目标，就必须要好好经营这份事业。为了新事业的长远发展，必须充分发挥企业优势，如果企业优势不能发挥作用，就很难继续发展下去。

另外，遇事不能急躁。市场接受新事物也是需要时间和契机的。如果新事业的普及就是最终目标，那么为了达成这一目标，最具效果的时机将在何时，有必要提前为此做好准备。"这件事为什么现在就要做，为什么要做这件事"，我认为，如果能够明确这两个问题的答案，就能做成任何事情。

LIXIL 事例：展望研究开发任务的前景，未来的生活和居住将以人类为出发点

接下来介绍性质稍有不同的 LIXIL 项目。LIXIL 囊括了通世泰、伊奈、新日轻、三维浦、庭思等品牌，是日本制造、销售家具设备和建筑材料领域最大的企业。LIXIL 所涉及的产品从家居设备到材料，一应俱全，作为业内的龙头企业，不夸张地说，LIXIL 所描绘的未来住宅场景为我们今后的家居生活指明了方向。

在研究开发方面，LIXIL 团队的企划部门向 i. lab 提出的要求是，“希望能从人类视角出发展望今后的研究开发前景”。项目开始前，LIXIL 与 i. lab 之间展开了数次讨论，共列出了“需做好准备随时应对不明确的社会变革和业界变化”“随着技术和社会的改变，事物和人的关系也将发生巨大变化”“LIXIL 公开发表了四个大力发展的技术领域”等课题。i. lab 会在综合考虑企业现状、课题认识程度、业界特点等方面后，为每个项目量身定制其过程。因此，项目开始前的讨论就变得尤为重要。通过这些讨论，i. lab 会在综合考虑以下内容的基础上设计具体项目。

· 通过研究迄今为止部门收集到的调查结果，尽量将项目中的调查任务进行细分

· 从人与社会视角出发进行创造性探讨

· LIXIL 员工也需要积极参与创造性探讨

· 社会、技术的发展势必给业界带来巨大变化和冲击，在抵御这种冲击的同时，也要为充满未知数的未来做好准备

· 首先最初阶段的目标是在未来技术和人的交会处描绘机会领域

分四个领域分析民众的意向

在之前内容的基础上，我用图 35 作为最初的思考框架设计本次项目。首先，将民众对未来生活和居住的意向（= 需求）整理成四个方面。

民众作为主体，对自己未来的生活需求是否明确，这是横轴的两部分内容。例如，要求生活便利，这一点是现在就明确的，即便是在 10 年或 20 年后恐怕也是不会改变的。但是，在外部条件允许的情况下，年迈的父母希望和孩子住在一起，这样的内心想法就和便利性不同，其不确定性显然更高。也就是说，即便居住环境允许父母和孩子住在一起，实际是否愿意一起住，或是否会采取这方面的行动都是一个未知数。要想区分需求是否明确是非常困难的，推进该项目时，i. lab 和 i. school 是通过数百次采访和参与式调查才最终推断出结论的。

而在纵轴上主体发生了变化，这里以业界的理解是否明确为基准同样分为两部分内容。如图 35 的左下角区域所示，这里表示民众的意向明确，同时企业也明确理解这一点。当然，对应这一区域意向的产品和服务多是已有的。左上角区域表示民众的意向明确后，如果业界或者企业准确把握了这一意向，则立即能就此意向提出相关的产品或服务方案。

右下角区域表示虽然民众的意向尚不明确，但是企业方面已明确掌握用户诉求，一旦时机成熟就能立即就相关产品或服务提出方案。“不明确的意向”一词既突出了本次项目的特点，也具有为了达到目的的特别含义，因为描述得不够详细，可能有点难以理解，大家可以把它换成更通俗的词，例如“潜在需求”“逐渐凸显的问题”等。（图 35）

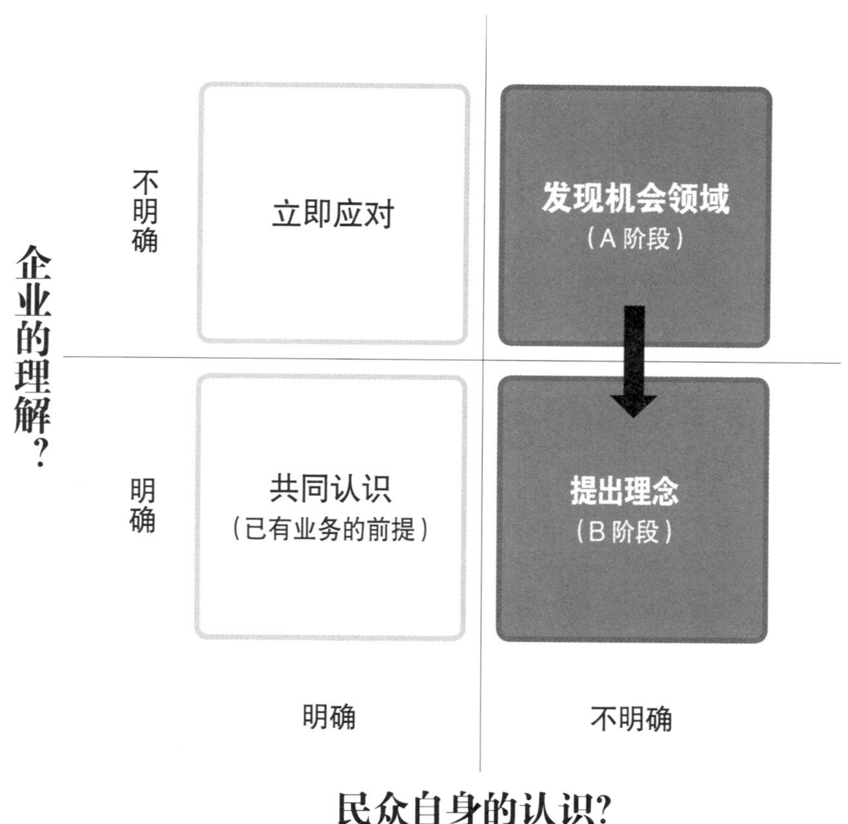

图 35　整个项目的设计起点——思考框架

在第二阶段进一步深入分析

本次项目共分为几个阶段。A 阶段的目标，即如图 35 右上角所示，寻找民众的不明确意向（= 潜在需求、逐渐凸显的问题），并以此设定抽象化的机会领域。

例如，老人是想和孩子一起生活，还是为了不给孩子添麻烦选择一个人生活，或是选择去养老院，这些都是不明确的意向。但是在考虑未来的生活方式时必须讨论并深入理解民众的这种意向，作为企业更需要在各种假设条件下做好万全准备。本次项目最初的目标就是寻找民众和企业都尚不明确的意向，并以此设定抽象化的机会领域。

接下来的 B 阶段就是根据机会领域提出具体产品和服务的创意方案。在机会领域内，LIXIL 能描绘出怎样的事业蓝图；设定机会领域，提出之后具体产品和服务的初步设想，为了方案的实现，展望研究开发前景，这些都将在 B 阶段的探讨过程中逐步推进。也就是说，针对 A 阶段以民众视角设定的机会领域，B 阶段的目标是在公司内部明确认识的基础上落实技术方面的研究开发。

深耕三大领域，将工作转向调查设计

确认上述项目的整体状况和各阶段的目标后，将进入调查设计的环节。首先要确认供应链、用户、业务种类的变化这三个方面，并对此加深理解，今后，业界将有可能在这三大领域面临巨大冲击和变革。其次，还要从作为外部因素给业界带来影响的 PEST（政治、经济、环境、社会、科学技术）的角度调查分析今后社会的发展趋势。（图 36）

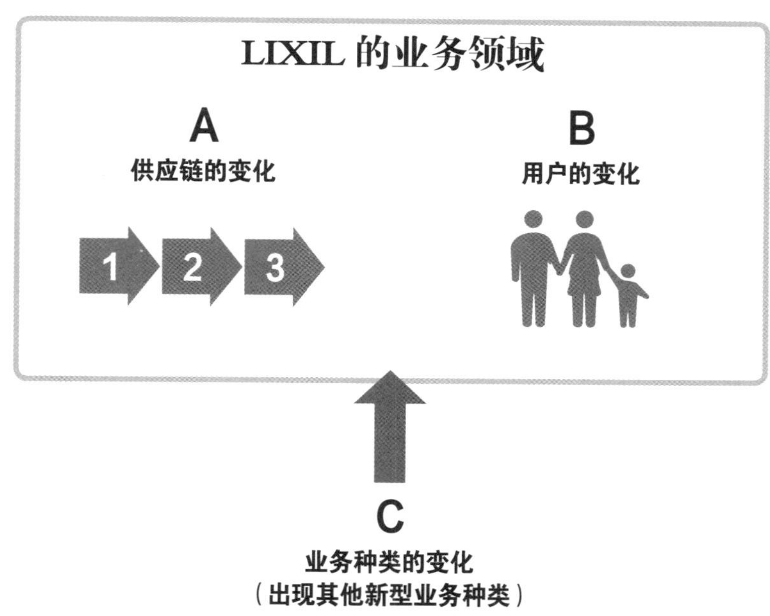

图 36　调查设计的思考框架

针对供应链和业务种类的变化这两点，从目前公开的新闻和论文等看来，现在还只是处于萌芽阶段，不过也从中收集、分析了一些对未来社会有启示作用的事例。该方法在第 3 章已经介绍，与以未来征兆为基础描绘非线性、有巨大冲击力的未来社会，即“洞察未来”的本质是基本相同的。

通过“极端用户”获取启示信息，可加强对用户变化的洞察。第 3 章介绍的极端用户采访是指对那些属性、行动特点和价值观都比较特殊的用户进行采访的活动。在本次项目中，为了加深对新潮的社会现象、变化等征兆的本质性理解，也进行了极端用户采访。

例如，i. lab 经过长年的极端用户采访，已经建立起了一套自己的运作网络，本次项目就利用该网络对“不是建筑专业出身，却设计并建造了自家住房的人”“将自家住房用作旅馆出租，是 Airbnb 的大房东的人”“有钱却没有固定房间或者住所的人”等人士进行了采访。平常与民众没什么接触机会的技术人员也会参与采访，通过实践体验加深对未来生活的理解。

接下来是对洞察大趋势的调查。要想洞察未来家居生活的趋势走向，不仅要从微观上加深对人类变化的理解，从宏观角度出发，调查、分析社会变革也是非常重要的。在本次项目中，我们不仅要关注 LIXIL 业务领域以外的社会现象，还要通过精准定位，洞察将带来巨大影响的社会变化。

例如，提取“自动驾驶汽车的开发和普及”“分享型经济的兴起”“物联网”（=IoT）等词条，进行深入考察。在调查宏观变化时，一般来说，翻阅预测未来方面的书会更加高效。但是书籍数量众多，其作者又各有不同的背景，所以有必要将这些书呈一字排开进行比较，并从中选出话题。值得注意的是，本次调查的目的并不是找出他人尚未关注的话题，而是选择并不受我们控制的时代大趋势。在各种趋势中，我们优先选择了可能对 LIXIL 所在行业影响最大的趋势。

“调查”是获得知识的有效手段，但我们必须特别注意，调查本身并不是项目的目的。不要忘记，调查不过是为之后的创新工作做的前期准备。通过调查我们仅获得新的信息，而如果我们没有利用这些信息和知识进行思考的习惯和行为，那只会陷入调查怪圈，无法提出新的方案。

因此这里给大家介绍三个关键词，分别是态度、习惯和行为，只要记住这三点就能通过调查成功地提出方案。第一点是态度，这和之前需要知识储备的调查不同，这里的态度指的是项目成员要有为创新工作做好事前准备的目的意识。第二点指的是不管是在调查还是在整理调查结果时，项目成员们都需要时刻思考眼前的现状和信息将会给项目的最终目标带来怎样的启示，除此之外，还有必要养成经常讨论的习惯。第三点就是将对创新工作有用的信息整理成样板。制定改革创新项目不单是为了收集信息，请大家运用这些小技巧，让项目真正升级为一个创新工程吧！

抢先找出未来的明显需求

通过洞察未来社会，从长远眼光审视 LIXIL 的产品、服务或新型业务的发展前景，从中找到适合的商机。i. lab 将比较有前景的业务领域称为“机会领域”。但是，如果立刻设定抽象的机会领域，项目成员们恐怕还不能充分理解其意义。如果项目成员自身都没有理解到位，又怎么能想出好方案呢？

设定合理的机会领域固然重要，但更重要的是项目成员能就该领域列举具体事例并加深认识。

因此，最有效的就是先试着描绘“社会场景”。所谓社会场景，就是尽量具体描绘出什么样的人在什么样的场景下，会因为什么事情而感到高兴，或者将面临什么样的课题等。这是一项以之前调查所得采访结果和宏观趋势等为材料，描绘出未来社会某一场景的思考工作。

本次项目首先结合横轴供应链、用户和业务种类的变化，以及纵轴社会大趋势的内容，讨论未来会出现怎样的社会场景。（图 37）

讨论社会场景和机会领域时，不仅有 LIXIL 的员工和 i. lab 的成员，还有外部设计师、创意人员、大学教授等参与其中，大家从各种角度多层次深入展开讨论。合适的机会领域就是能够以社会变化为契机发现用户的新需求，通过应用先进技术提供新价值，并有可能以此提出新的方案。通过在这个机会领域中设想一些民众的社会场景，讨论未来 LIXIL 可以推出怎样的产品、服务和业务，同时，为了实现这些目标需要在哪些领域花费精力。

研究开发工作也适用以人为本的思考方法，而且可以在了解未来明显需求的前提下制定研究策略和技术战略。针对已经发现的机会领域，LIXIL 需要在明确其内容的基础上寻找并制作产品和服务的创意模型。

图 37　机会领域的思考框架

汽车行业相关企业案例：以未来社会将出现先进技术为前提洞察民众需求

接下来介绍下汽车行业相关企业的新事业开发项目。

在项目开始前，首先企业方面要形成一种共识，即 10 年、20 年以后要用设计思维等以人为本的思考方式就新业务提出相应方案。对汽车行业来说，技术优势是成功与否的分水岭，但是“不从科学技术的角度，而从以人为本的角度出发思考方案”的要求与 LIXIL 的案例有共同之处。不同之处是 LIXIL 的最终目标是制定研究策略，而本项目的目标是催生新业务。

在今后的汽车行业，“设计思维”能否发挥作用？

实际上，这两年带着“设计思维”的意识，找 i. lab 和 i. school 来商谈项目的企业逐渐增多。其背景在第 1 章已经介绍，越来越多的企业从“改革创新就是技术革新”的咒语中获得解放，开始从更宽广的视角重新审视改革创新这一概念，进而探索未来社会的创新管理方法。因此，也就可以理解企业对设计思维等方法论的期待了。

设计思维的要点就是“通过参与式调查，与用户产生共鸣”。的确，日本的汽车行业和物流领域技术先进、商业体系健全，作为世界级领先企业，它们如果再能从以人为本的设计思维角度开发产品、服务，那就真是如虎添翼了。

但是，我的直觉告诉我，关于这个项目“用设计思维的方法可能无法做出成果”。i. school 的研讨会和 i. lab 在设计项目时，总是会设想以此为既定过程进行模拟演练。通过模拟演练，确定能否提出确切方案，该过程是否有不合理之处，哪里是难点等，使项目成员对这个过程更有自信，以事先把握课题。在本次项目中，我们也按照客户的要求，用“以人为本的设计思维”方法进行了模拟演练，结果却不尽如人意。

正是为了细细品味以人为本的精髓，一开始特地选择“从技术角度出发”进行思考

先说结论，本项目决定从技术入手，而不采用旨在与用户产生共鸣的设计思维方法。为避免使大家产生误解，我再解释一下，整个项目的重心放在对人与社会的洞察方面，这也是一种广义上的以人为本的改革创新。只是一开始不采用采访、参与式观察等设计思维方法。

“以人为本”和“设计思维”等方法论是近年来的热门话题，如果客户指名要求，那么咨询公司采用这两种方法论就更是水到渠成。但是，本书中也提到了，制定一个项目需要综合考虑行业的特点和趋势、项目目标、企业对课题的认识度，以及项目成员们的专业素养等内容，一些所谓的热门方法并非是最适合的。听信“只要用设计思维就能创新”，其实和盲目相信“有技术革新就能创新”本质上是一样的，这种想法本身就不具备创新感。综合诸多情况，这次选择了与之前全然不同的切入方法，创造性地重新设计了项目。

为什么这次选择从技术角度入手，往后还需要怎样的过程，这里就本次项目的设计依据和思考框架再进行一下具体介绍。为了能给各位读者在今后设计项目时提供参考，我还将尽量阐述为何选择这样的设计过程，在此过程中我想到了哪些内容，注意到了哪些问题等。

用户采访中的未来构想往往不会成为现实

首先以客户方负责人对课题的认识为方向，从人类角度出发就整个项目的推进进行模拟演练。当时我注意到第一个问题，即便通过现在的用户采访，也无法预料在不久的将来业界有可能发生的巨变。

当然，行业领域发生变化是正常的，这里我们关注的是产业构造、竞争要素、行业性质的变化。通过用户采访可以获得一些用户对汽车内饰、设计等的潜在需求信息。但是，10 年后汽车行业将发生巨大质变的几个因素是我们不得不考虑的。这里列举两个因素，即导入自动驾驶技术和动力系统（动力源）的变化。

将现在的汽车和受这些因素影响后 2020 年以后的汽车进行比较，用户的利用场景将发生巨大变化。虽然可以开展用户采访调查，实施参与式观察，找出当下汽车的潜在需求，通过一系列洞察推出新产品等，但是可能 5 年后汽车这种产品本身就会发生质的变化，现在的想法和思考方式都将因过时而变得没有任何意义。当我在自己的脑海里模拟推进项目时产生的不安——“用设计思维的方法可能无法拿出成果”，就是因为这些不确定因素。（图 38）

那么，针对这一情况，我们应该做些什么呢？我提出的项目设计理念就是首先考察“技术调查结果”。对于我的这一设计理念，客户方却认为“技术调查已经做得够多了”。当然在充分了解这点的基础上，我也认为自己有必要对课题的认识程度进行大致说明，因此我和负责调查先进技术的部门人员进行了讨论。他们自然认为“正在调查自动驾驶技术”“EV 技术也正在努力调查当中”。某种特定的先进技术是否能代替现有技术，其普及可能性又如何；相对于现有技术，该先进技术的优点是什么；一旦得到普及，该技术的推广速度又会如何，诸如此类的调查对于汽车界的企业来说都是

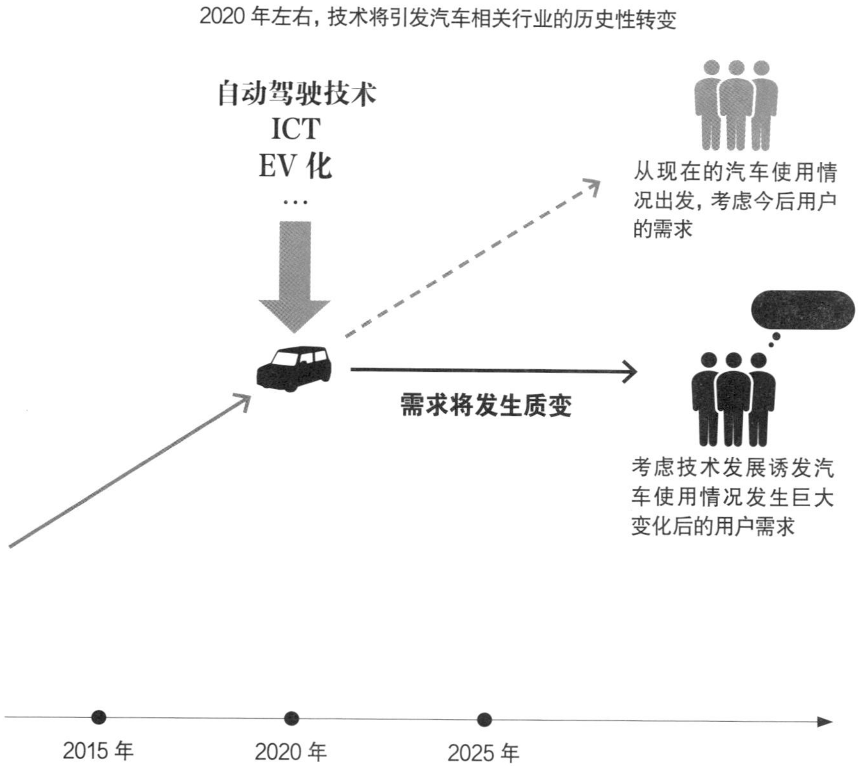

图 38　项目开始前对项目设计问题上的认识

必需的。

我曾经经手过一个汽车制造厂家的项目，所以有一定经验。先进技术普及后，会给民众和社会带来怎样的变化，其结果又会产生什么新的课题认识、价值和需求，在实际推进项目的过程中，往往没有针对这些内容做深层次的调查和讨论。因此，如果以先进技术普及后给社会带来巨大变化为前提，该变化会引发何种需求目前尚不明确，对此我认为从以人为本的角度出发加强对这个方面的理解和调查是非常有必要的。

“方案”是联系“目的”和“手段”的纽带

因此，本次项目将按以下方向进行设计。

① 如果在无视给社会带来巨大质变的汽车相关技术的前提下一味发掘当代需求，这样提出的产品方案是不具备冲击力的，更不足以震撼人心。

② 因此，本项目需要以先进技术普及后将引发社会巨变的观点为前提，抢先找出未来社会的明显需求。

③ 严格区分“创新”的本质究竟是“量变”还是“质变”。

第 3 章讲到，产品或者服务的方案是联系“目的”和“手段”的纽带，如果没有新颖的目的或者手段，那所谓的新方案也只是单纯的复制品而已。如果对目的和手段的新意（= 现有事物发生变化）特点稍加区别，就可将其分为两个种类。第一种是由 A 变成 A+，我们称其为量变，第二种是由 A 变成 B 的质变。（图 39、40）

目的的量变：原来的需求标准进一步提高。根据该需求思考方案。

目的的质变：由于某些原因开始出现原本不存在的需求，并且需求日益明显，为满足需求提出解决方案。

从目的来看，“想要更安全、更安心地生活”“想要减少浪费”等目的具有长期性，且随着时间的推移，其需求标准和迫切度还会不断加强。这就是量变。另一方面，“想要立刻和朋友、熟人联系”（对应产品：手机、SNS 等）、“想要记录、展现自己的生活点滴”（对应服务：SNS、博客等）等目的相对新颖，如果放到 20 年前，普通人基本不会抱有这种目的意识。所以，这些目的就不能解释为量变，而是明显的质变了。（图 39）

同样，手段的变化也可以分为两种。提高汽车燃油效率的技术、减少车内噪声的技术等就是手段的量变。汽车由人手动驾驶变为由机器控制自动驾驶、汽车的动力系统从汽油引擎变成电力驱动，这些技术就是手段的质变。图 40 的下方区域表示，所有的“改良”都能产生新产品和新服务。但是上方区域又表明，虽然目的性质一致，但是由于手段性质不同，最后会发生质的变化，这也就是所谓的“破坏性创新”。为达成目标，技术领域的开发方针是否发生变化；产业结构和供应链是否全然不同等，思考一下这些问题就可以轻松区分发生的变化究竟是量变还是质变了。

例如，改变引擎设计可以提高燃油效率，但是，如果汽车动力系统的技术开发战略和产业结构、供应链不发生改变，这也仅仅只能说是“改良”。相反，如果汽车的动力系统从引擎变成电力驱动，那动力系统的技术开发战略、产业结构、供应链就将发生质的改变。（图 40）

手段的量变：通过个别技术制成的产品，其重要性能呈定量提升趋势。技术领域和供应链不会发生质变，相当于“改良”。

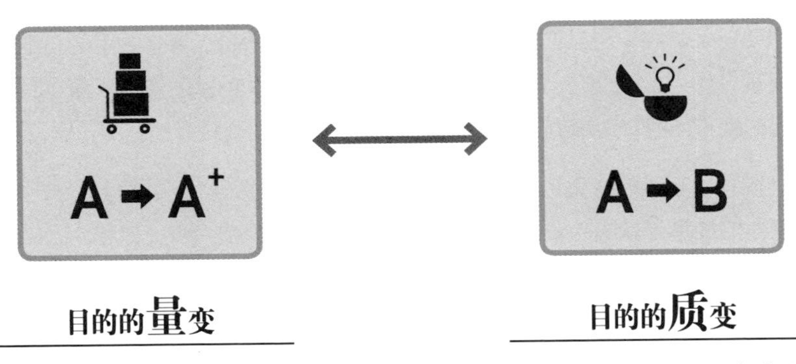

目的的量变

- 想要更安全、更安心地生活
- 想要减少浪费

目的的质变

- 想要立刻和朋友、熟人联系
- 想要记录、展现自己的生活点滴

图 39　目的变化的种类

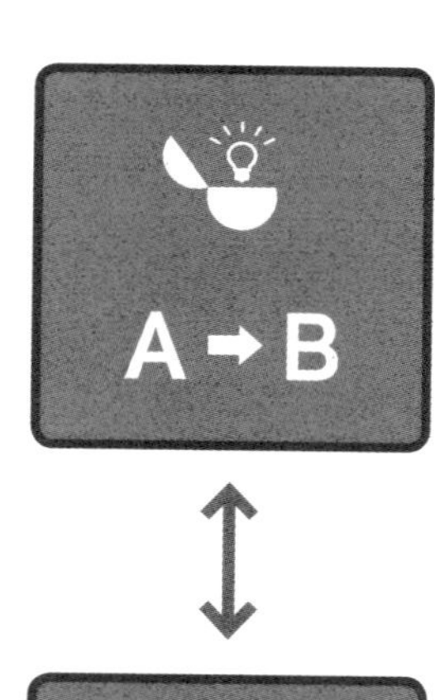

手段的质变

· 汽车驾驶从手动变为自动
· 汽车的动力系统从汽油引擎变成电力驱动

手段的量变

· 提高燃油效率
· 设计发生变化

图 40　手段变化的种类

手段的质变：通过个别技术制成的产品，其重要性能发生本质改变。性能发生变化后，产品的技术领域和供应链也将全然不同，相当于“破坏性创新”。

本项目的推进方法与之前的产品开发策略及设计思维的不同点

如图 41 的左下角区域所示，一般来说，我们都是在现有的业务领域内，经过市场调查和技术标准调查后，提出新产品、服务的方案。一直以来，日本企业，特别是生产制造企业，其惯用方法都是可以进行定量评价的，对于今后将日益增长的已知需求，企业旨在通过定量提升现有技术的性能，或用先进技术改变产品特点等方法提出新方案。这些方法都有一个特点，即没有从民众视角关注方案目的的性质变化，至少没有这方面的考虑。而近来成为话题的以人为本的思考方式更注重方案本身的目的，而不是手段，探寻不同性质的新目的是该种方法的特点。

那么，如果要采用汽车行业从未用过的方法来提出方案，是不是就应该选择从民众角度出发去寻找新目标呢？实际上并没有这么简单。现在汽车行业的竞争非常激烈，针对实现自动驾驶和 EV 化等既定目标，作为手段的技术正在经历巨大程度的质变。如果无视这些现状，即便通过以人为本的用户调查找到了新目的，也将存在立刻“过时”的风险。那么，从技术角度出发，通过自动驾驶和 EV 等新技术就能想出优秀的方案吗？事实也并非如此。因为各种各样的企业都在用这样的方法进行调查研究。

对此，我有一个项目设计上的假设。前文讲到，当新技术充分普及后，民众的使用场景会发生怎样的变化，是否可就新目的提出方案，这些想法在前期并没有经过充分考察。也就是说，可以在本次项目中以手段的质变为前提，设想新的社会场景，并从中找到已经发生质变的新目的。换句话说，并

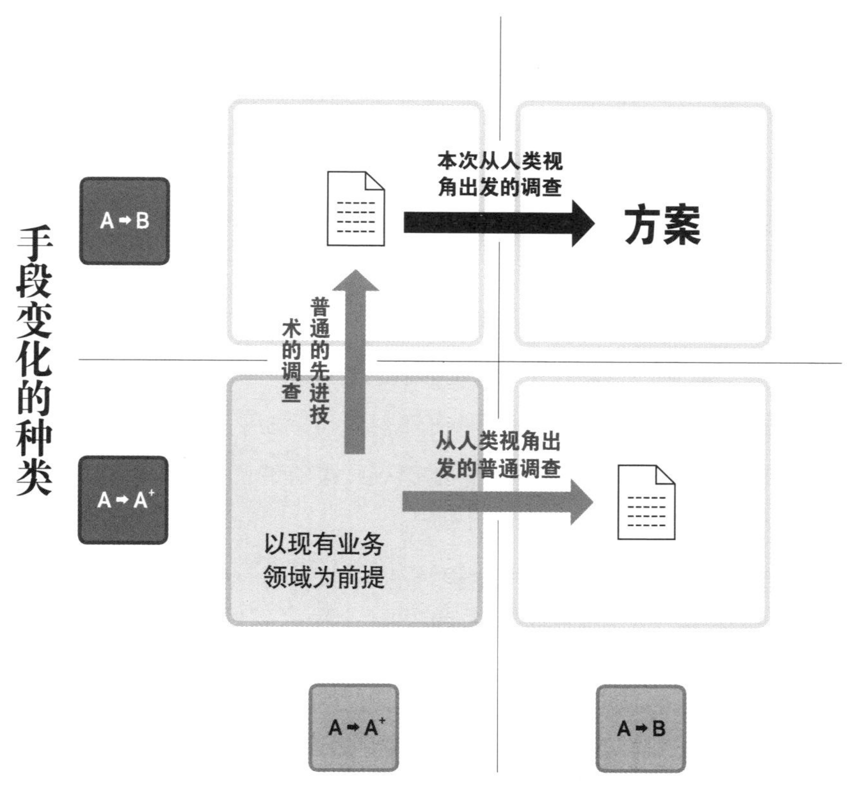

图 41　设计整个项目时的思考框架

不是要用自动驾驶技术和 EV 技术来思考新方案，而是以两者普及后发生变化的社会为前提，再用其他不同的技术手段等就新目的提出方案。（图 41）

首先，项目成员要从客户方过去的先进技术调查结果中选择具备质变特点的技术手段。可通过假设及模拟演练等，对那些将来有可能给用户的目的带来质变可能的技术做进一步筛选。假设该技术普及后会出现怎样的使用场景，社会将发生怎样的变化，从中又会产生什么新目的，这些就需要从人类角度出发进行思考了。

用“破坏性创新”的思考框架设计项目

如果采用克里斯坦森教授提倡的创新种类和发生机制的思考框架来整理前文阐述的假想设计流程会如何？除了从创新管理的角度，我还将采用其他观点进行解释说明。

克里斯坦森教授将创新分为持续性创新和破坏性创新两种。持续性创新的调查一般有竞争企业产品零部件的技术标准调查、旨在提升性能的先进技术调查、针对现有客户的市场调查等。而破坏性创新的调查主要以先进技术调查为主，这些技术多是为了实现从根本上代替现有技术和产品，或者是为了提供全新的价值体验。大家可以再回忆一下，破坏性创新还分为低端市场型和新市场型。

在低端市场破坏性创新中，推向市场的新产品和新服务首先必须能够代替现有的技术、产品和服务，并得到市场普及。而新市场破坏性创新是开拓新市场、普及新事物的过程，我们可以把它看作一项需要支付高昂专家费用的服务，在完全未曾涉猎的机会领域里寻找能给用户带来全新价值体验的产品或服务是它的特点。

针对汽车相关企业进行的技术调查，我有一个假设，即自动驾驶技术和 EV 化等动力系统的改良项目是基于对持续性创新和破坏性创新中的低端市场破坏性创新的认识而进行的。日本的汽车制造商认为自动驾驶是一项要建立在安全驾驶基础上的技术，并将其归为持续性创新一类。而美国 Google 和特斯拉电动汽车公司等就认为自动驾驶等技术是一种解放双手、创造更多时间和空间的新市场破坏性创新。

将自动驾驶技术定位成提升性能的持续性创新技术，将 EV 技术定位成降低能源消耗的低端市场破坏性创新，这些想法本身都没有错。但如果从人类视角去展望新技术和新产品涌现后的未来社会，你就会发现以搭载自动驾驶技术和 EV 技术的产品普及为契机，将会出现一大批能提供全新价值的产品和服务，而这些产品和服务的价值在现阶段完全无法衡量。因此，我们可以得出一种项目设计推论，即业界仅将这些备受关注的先进技术认定为间接孕育新市场破坏性创新的技术，并通过重新审视调查结果及寻找产生新价值的可能性来持续推进。

项目目标和主要任务

在遵循过程的基础上，设定以下三个项目目标。请将这里的机会领域理解为有市场开发潜力，但现阶段尚未出现消费现象的领域。

① 通过发现技术的质变，想象今后极有可能出现的汽车使用场景，设定机会领域。

② 在设定的机会领域内提取、整理将来用车时会日益明显的新型需求

假设。

③ 以机会领域和需求假设为基础，提出与汽车技术相关，且具有全新价值体验的产品、服务和事业领域的方案。

项目的主要任务如下所示。

任务 1：筛选出今后可能发生质变的技术

任务 2：设想技术质变后出现的全新使用场景

任务 3：以未来的使用场景为基础，设定机会领域

任务 4：设定其他领域的类推案例

任务 5：通过调查类似案例，探索新目的

任务 6：针对新目的寻找手段并提出方案

该项目设计方案能否应用于其他领域？

该项目的推进过程可以被广泛应用到技术更新发展迅速的行业领域内。例如，生活轨迹跟踪技术和物联网技术蒸蒸日上的健康管理领域，人机对话技术和个人身份认证技术日新月异的金融领域，人工智能技术和声音识别技术与日俱进的教育领域等。

如何设计项目是本书最重要的课题，这里我将就此内容再强调一下。设计改革创新项目时，最重要的是根据各种条件，综合考虑目标、行业特性、项目成员特点、日程安排等内容后，进行富有创造性的设计。需要注意的是，千万不要有“这个方法很流行，就按照它来做吧”“按照这本书操作肯定没

问题”等思维定式，不要用千篇一律的方法设计或推进改革创新项目。如果之前没有任何项目企划和管理方面的经验，那可能会有借助书本和方法论中的知识进行项目的模拟演练或做进一步试验的想法。万事开头难，这是难免的。但是，请一定慢慢找到经手项目的特点，并在自己的原创过程中逐渐进入提出方案模式。当然，提出方案的技巧也非常重要，请在掌握这些技巧的前提下，时刻保持创新思路，开始你的头脑风暴吧！

SCSK 案例：公司内部进行“inowan”金点子大赛

现在，基本上每个企业都已经充分认识到开发创新型事业的重要性，但是很少有企业就新事业提案成立相关部门。而 i. lab 以其为各个行业提供改革创新服务咨询的经验为基础，帮助客户企业在公司内部成立专门的事业开发部门，并且协助培养专业人才。客户不同，其支援形式也各不相同。

例如，从 2010 年开始，IT 服务业的 SCSK 株式会社（以下简称 SCSK）内部就一直举办“金点子”公开募集大赛，i. lab 则协助该活动的策划、具体实施等工作。世界上所有 SCSK 的员工乃至整个集团都能组团报名参加。方案的选拔和精炼需要持续数月，对有发展前景的方案，还会提供一定的预算来探讨其商业化的可能性。

公司内部活动也需要可持续的过程设计

i. lab 的支援目的就是希望在自己的工作结束后比赛也能顺利照常进行，所以在前期的募集阶段，i. lab 会召开与提案相关的研讨会，并担任建导（Facilitation）工作。组织该研讨会时，i. lab 也在有意识地弱化建导的功能，尽量把重点放在提升提案品质方面。首先由 i. lab 带头主讲，之后由 SCSK“金点子”大赛的主办部门成员担任接下来的建导工作。这样一来，就能保证作为外部顾问的 i. lab 离开后比赛也能继续高效地进行下去。

比赛后期，还需要将精挑细选出来的方案向评审们做最终展示，这时，i. lab 还将在方案内容整改方面担任外部顾问。最终，精选方案获得了评审们的一致好评。评审还认为，与没有 i. lab 的帮助时相比，“现在方案的具体性和现实性都有了显著提高”。此外，在比赛结束后，i. lab 还会同主办方成员一起对整个比赛过程进行回顾，在固定整个比赛流程的同时，还对 SCSK 接下来的市场开发、团队和人才持续培养等方面做了进一步支援。

制定持续性创新规划战略

从 2010 年开始，SCSK 金点子大赛的参赛人员达到了 1000 人，并募集到了 570 个左右的方案。通过最终展示被认定为有“潜力”的方案，在经过多番研讨后，被付诸实践的方案有 3 个。此外，目前正处在讨论阶段的方案有 2 个（截止到 2016 年 6 月）。在成功启动的 3 个方案中，我有幸参与其中 2 个方案的精炼过程。

金点子大赛的优点在于其过程本身就是一种不断进步的持续性创新。每年比赛结束后，主办方成员都会认真回顾整个过程，通过建立 PDCA 循环，争取在今后的比赛中做得更好。以我主办过的其他比赛的经验来看，这样的活动一旦定型定论后，就很难再有精力和勇气去改变其模式了。而金点子大赛的主办人员自下而上地发挥全员智慧，连公司经营层也被纳入比赛的一环，这是一项极大的创新，而且，SCSK 公司抓住时机，挑战新事业的决心和勇气更是令人钦佩。希望金点子大赛中的方案能够在被认为是“创新”的同时，给未来社会带来巨大改变。

今后，我会在协助其他改革创新类项目的同时，也给这些创新管理活动提供一定帮助。所谓“前人栽树，后人乘凉”，在探索未知道路的过程中，我除了希望在创新方案上获取一定的实践经验，还希望在前人的基础上，为今后大家都能一路向前而倾注全力。

第6章

让改革创新项目展现成效的方法

新老业务之间经营管理方式的区别
——如何制定创新计划，确定发展战略?

即使已经认识到了改革创新的必要性，又有多少公司会自信满满地去制定创新计划、规划发展战略呢？2012 年，日本经济产业省以上市公司等大型企业代表为对象，就创新管理方式进行了问卷调查。其中的一个问题是“企业将以怎样的推进体制来保障发展新业务”。“公司总经理直接负责项目的推进”占全部回答的 20.6%，“公司经营层负责推进”占 54.5%，“事业部部长负责推进”占 13.9% 等。大家对此结果有什么看法？（参考资料 43）

为保证公司长期稳定的持续发展，新业务作为接下来赢利项目的第一候补，公司的最高管理者——总经理应该对新业务的推进和发展投入更多的关注和精力。而从以上结果来看，他们的参与程度实在是太低了。曾经，日本国内的经济形势大好，国民收入水平也不断提高，因此，在那个只要和经济增长保持同步就可能加速企业发展的时期，即使把所有的资源都集中到现有业务上，也能保证企业的稳步前进。假如试图去发展“新业务”，那也仅仅只要将国外的产品和服务搬到日本就已足够帮助企业成长。但是现在就不同了，日本国内市场的成长高峰期已过，一些大型企业为了公司的长远发展，已经开始考虑现有业务在全球化市场下的发展前景，以及开发国内外新市场方面的问题。因此，社会背景发生变化是我们必须要考虑的一点，现在已经不是以前那样只要在现有市场领域内埋头苦干就能给企业带来效益的时代了。

至少从全球化视角来看，公司的高层管理人员应该充分参与新市场的研究开发，而且，在公司的经营战略方针中添加制定事业开发战略，或者到现场亲自负责推进项目,能担任这些职能的也多是作为下届经营层候选的精英人士。但是，根据之前的调查，只有二成左右的日本公司高层人士参与项目开发。如果加上总经理和经营层就超过了 75%。我们没必要在这里讨论这个比例是高还是低。调查中还有一个问题，就是开发新市场的负责人被授予了多大的权限。“可以直接向总经理提出方案”的占 78.5%，“可以负责分配项目和业务（分配各个负责人任务）”和“可以与外部专家一同工作”的约占 50%。简单来看，对总经理来说，“只要有方案就行”。（参考资料 44）

2015 年，日本经济产业省委托日本德勤咨询公司，以市值 50 亿日元以上的企业为对象，对创新管理方式做一个调查。如图 42 所示，该调查从七个方面分析了各个公司改革创新活动的实施状况。达标企业比例见图 43。调查结果显示，在改革创新项目的中枢部分——③关于创新的过程和对管理指标的整改、④销售渠道管理、⑤外部合作——这三项达标企业的比例在七个要素的排名中处在最后三位。如图 42 所示，从广义上来看，③改革创新过程包含了“④销售渠道管理、⑤外部合作”两项的内容。也就是说，改革创新过程的设计和管理是创新管理措施中做得最不尽如人意的。（参考资料 45）

光看这些数据可能没什么真实感,以下内容是我通过调查结果得出的“臆断”。

・虽然几乎所有的总经理都发表过“改革创新非常重要”这样的言论，但是他们基本上都不实际参与，而是将其全权交给其他经营层负责。

・虽然其他经营层拥有向总经理提出方案的“权限”，但是并没有实施项目时所必需的充分权力。

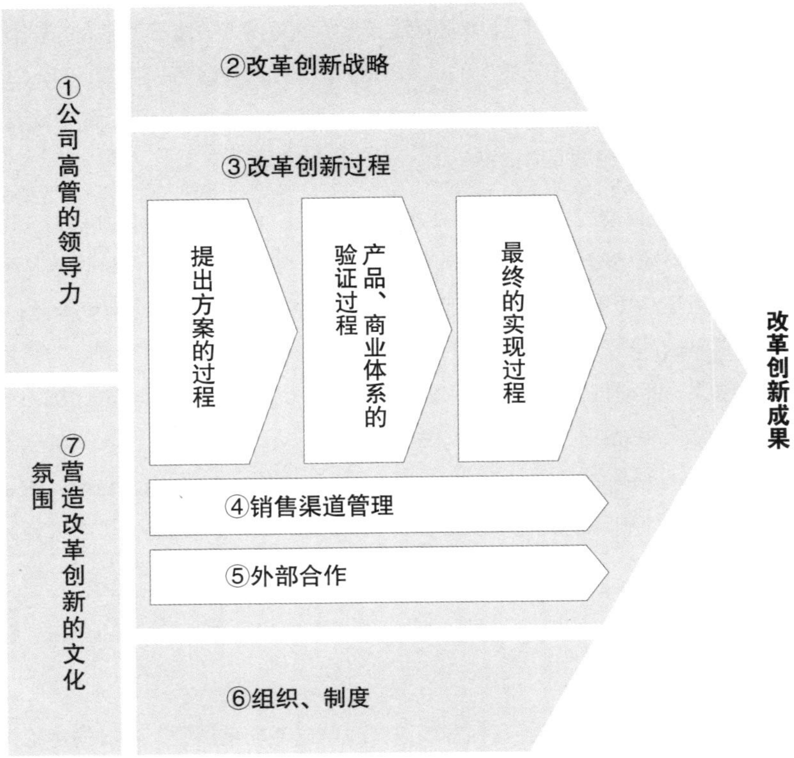

①公司高管的领导力

②改革创新战略

③改革创新过程

提出方案的过程

产品、商业体系的验证过程

最终的实现过程

④销售渠道管理

⑤外部合作

⑥组织、制度

⑦营造改革创新的文化氛围

改革创新成果

图 42 创新管理的评价要素体系

以上参考《创新管理的实况调查 2016》（由日本德勤咨询公司实施）（参考资料 45）

排名	要素名称	达标企业所占比例
1	⑦营造改革创新的文化氛围	63%
2	①公司高管的领导力	54%
3	②改革创新战略	43%
4	⑥组织、制度	38%
5	⑤外部合作 （※ ③改革创新过程的分项）	34%
6	③改革创新过程	34%
7	④销售渠道管理 （※ ③改革创新过程的分项）	30%

图 43 企业各要素的达标情况

以上参考《创新管理的实况调查 2016》（由日本德勤咨询公司实施）（参考资料 45）

· 其他经营层虽然是项目的负责人，但是没有相应的权限，所以他们也只能向下属表示："改革创新非常重要，拿几个方案出来吧！"或者在自己的权限范围内一点点着手推进。

· 结果就是提出方案的"权限"形成连锁反应，所有人都等着项目成员拿出"优秀的方案"，却怎么也无法制定具体计划。

如果这些真的只是没有根据的经验推断那倒还好，但以我的经验来看，从董事会成员到高管，再到普通员工，多会陷入这样的境地。如果公司的最高管理者将开发新市场的任务交给经营层，那除了给予其提出方案的权限，还应一并给予包括制定具体项目、配备优秀人才、要求外部协作等权力和资源。

是否该为拓展新业务设立部门
——认识到管理方式的本质区别了吗？

企业的可持续发展不仅需要稳步维持现有业务，还需要努力拓展新型业务，这是毋庸置疑的。正是因为有人在全心钻研现有业务，企业才有余力去挑战开发下一个营利项目。另一方面，也正是因为有人在挑战开发高风险的新市场，即使其他人一心扑在现有业务上也能保证企业的持续发展。也就是说，新老业务之间不存在冲突，它们是一种相辅相成的关系，两者并存也能提高企业的稳定性。但是很多人并没有认识到新老业务之间的管理方式其实存在本质区别，前文提到的资源分配不均就充分体现了这一点。在现有业务的范畴内，或是在最适合现有业务的资源环境下，已经足够拓展新业务，这样的误解恐怕就是主要原因所在。

但是也有很多专家认为新老业务之间的管理方式存在本质区别，针对新业务应该重新建立一套管理体系。克里斯坦森教授在书里也提到应该将新老业务的管理方式完全区分开来，他认为可另设部门以项目为单位发展新业务，一段时间后还可根据评价结果讨论该项目的可行性，而且，他还鼓励可以将这样的项目多个同时推进。

在日本企业中，索尼公司的新项目“SPA”的推进模式就比较接近上述内容，主管该项目的部门是从现有事业部抽调人手另建的，而且由总经理平井直接担任总负责人。（参考资料 46）此外，从 2015 年开始，三井不动产公司也开始就新事业的开发项目专门设立部门，并由总经理直接负责管理。（参考资料 47）

我听管理层说过，虽然设立了改革创新部门，聚集了一大批优秀的员工，但是之后还是会陷入进退两难的境地。具体问题有“想要调查却不知道该调查什么”“虽然设定了具体的数值目标，但是不清楚该数值是否准确，更不明白如何探索能够达成目标的业务领域”。如果是现有业务，不管哪个部门发生人事调动，只要该部门存在长期建立起来的业务流程，不管是明面上的成文规定还是暗地里的不成文规矩，只要慢慢习惯就不会有什么问题。但是改革创新类业务的过程设计需要从零开始，很多时候，刚接手的员工甚至该部门的负责人都是一头雾水，不知从何做起。虽然实际经手项目的员工已经注意到了这一点，但是并没有将其作为一个经营课题进行整理归纳并上报管理层。

建立改革创新项目的模型
——将员工的积极性作为重要因素

在改革创新的过程中，除了技巧、思维方式之外，工作积极性也是一个重要因素。设立专业的创新部门后，如果部门员工没有高涨的工作热情，那就不用过于期待成果了。为防止发生此类状况，应先设计项目雏形，再通过一定的参与度在全公司范围内培养员工的工作积极性和营造全员参与协作的氛围，最后再正式设立具体部门。

在索尼和三井不动产设立部门的过程中，虽然有最高领导的直接参与，但是也不是马上就设立新部门的。正确认识创新人才的主观能动性是带动整个部门发展的重要因素，极高的工作积极性是两个公司设立新部门的契机。（参考资料 48、49）

除了能够激发人才的主观能动性、积极性，以及整个部门的工作动力以外，事先建立项目模型还有其他优点。

关于创新管理方式可通过七个方面进行评价，而在 2015 年日本经济产业省委托德勤咨询公司的调查结果显示，针对“改革创新过程”这一方面，达标企业的比例是最低的。这是因为员工还根本没有认识到目标是什么，如何开展业务。因此，如果在没有设计好业务流程的情况下就盲目设立部门，个人工作热情急剧减退、部门工作动力低下的风险将接踵而至。

基于上述理由，我并不赞成在业务流程尚未制定的情况下就设立新的事业部门，即使该新部门直接隶属于总经理或有其他董事成员参与管理。公司总经理或者经营层需要在给予适当资源的同时积极参与，并在建立“项目模型”后正式立项为佳。（图 44）

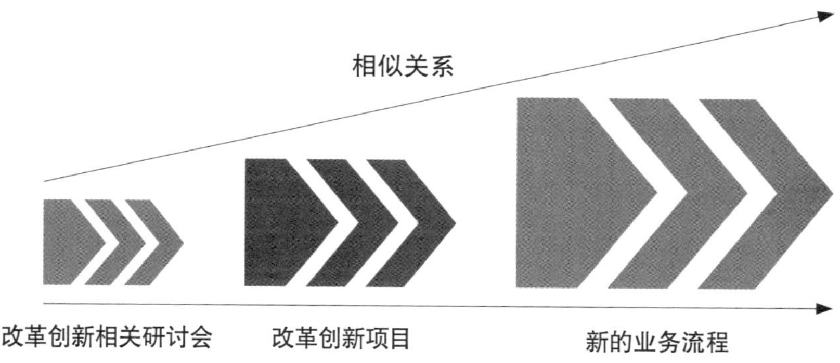

图 44　各种流程结构上的相似关系

以项目实绩和经验为基础逐渐建立组织架构的方式是比较合适的。通过项目的推进，可以在一批负责现有业务的员工中选择在工作积极性、思维方式、技巧方面都较为合适的人才，等员工之间形成跨部门交流、整个公司的工作劲头都极为高涨时，再正式设立专门的部门也为时不晚。

与此同时，不要忘记，以公司总经理为代表的整个经营层要对员工们的努力给予适当回应。我曾经的客户公司的项目成员们在负责现有业务的同时还要参与改革创新项目，这样的工作负荷是相当大的。通过项目的实施找到创新人才后，也有必要在适当时机让他们全面参与新事业的开发工作。

成功的三要素：过程、体制、人才
——“超级明星”都是靠自己的力量成功的？

纵观日本企业历史，极少数企业能通过自身首创的理念推出产品或服务，建立自己的商业王国。当然，公司经营者本身也很少有通过提出全新理念，开发新市场的经验。

另一方面，有市场开发经验的经营者，无论最后结果是好是坏，他披荆斩棘的成功经历已经在其脑海中形成了固有观念，找出同自己一样具备卓越才干的年轻人，并全力支持，希望他能成为超级明星的这种具有强烈个人特点的“管理方法”十分常见。

我曾经跟一位在咨询公司从事改革创新项目几十年的咨询顾问讨论过这个问题，他也是超级明星期待论的支持者。总的来说，创新人才是无法进行后天培养的，在没有创新过程的情况下，只能期待超级明星的出现，而我们要做的就是努力创造一种能让超级明星大展拳脚的工作环境。

在曾经的大型企业里，这样的超级明星也许会被埋没，但他们仍然可能存在于现代社会。但是，他们继续留在大型企业的概率却在逐年下降。如今，在日本通过风险投资和天使投资，或者众筹等渠道，获取个人创业资金的模式已经日趋完善。近年来，在创业成功后，不是只能上市，将企业卖给大型企业的“出口战略”也已经越来越普遍，日本国内的这种现象也在逐渐增多。也就是说，只要脑中有想法、心中有热情，是否一直待在哪个企业里已经不再那么重要了。

的确，现在的公司经营层和前文提到的资深咨询顾问们在一线努力工作的时候，超级明星就有很多大展身手的机会，超级候补们也可能一直翘首期盼着上场表现。但是从客观角度来看，目前的社会现状并非如此。我认为，用现阶段能够稳步管理的最佳方法，在不断实践的过程中进行改革创新，将是今后最为普遍，也最受到认可的创新模式。

创新过程的设计窍门
——首先要学会享受极具创造性的过程设计工作

如前文所述，日本经济产业省关于企业创新管理实践程度的调查显示，创新过程的导入是落后的。当然，存在本身有没有充分认识到导入过程的重要性的情况，即便已经有所认识，根据公司整体特点进行专门再设计的难度也是非常大的。因此，i. school 里才有学习过程设计的在校学生和社会人士，一些客户企业才会向 i. lab 寻求咨询帮助。这也充分说明“过程设计”是一项难度极高的工作。

i. lab 是怎么设计的？大家更适应怎样的过程？这里我将给大家介绍一些做过程设计的小窍门。

设计创新过程时，首先要把它看作一项极具创造性的工作，做到能乐在其中。虽说难度较大，但从本质上来看，创造性行为应该是人类最擅长，也是最能从理性上激发大脑兴奋思维的。所以，我也一直把每一份项目计划书看成一件量身定制的“作品”，制作时都尽量做到认真、仔细，注重每一个细节。

前期准备完成后，就要开始制作过程“设计图”了。就“设计图的大小”，即创新过程的规模和时长来说，规模更大、耗时更长的创新过程更适用于为开发新事业而设立的专业性部门。但是，我认为可以将这份大尺寸的设计图绘制成“小型样图”，首先应用于小规模的创新项目。项目规模越小，就越能在短时间内获取反馈信息，从而对过程进行改良，使其更加符合企业的实际情况。当企业经历数次这样的小型项目时，或者在同时推进多个项目的过程中，就能逐渐找到最适合自己的过程。在为开发新事业设立专业性部门时，就可以灵活应用之前的项目过程设计图，在其基础上扩大延伸，然后形成常规的、稳定的业务流程，从而进一步应用。

对于小型创新项目的过程设计图，也可以“绘制更小的样图”，经过数次修改和实践后更能提升其品质。其实“绘制更小的样图”可以理解为我们之前所说的“研讨会”，这是一个在数天或者数小时以内提出方案的过程。针对创造性课题，东京大学 i. school 会开设相关教育课程，举办类似的研讨会。研讨会并不一定以教育为目的，它旨在以实践性的小型项目为对象，以半天为限，通过调查、提出方案、选拔，最后对付诸实践的过程进行模拟训练。如前文所述，设计和管理动辄需要花费半年的创新项目是非常困难的，其工作量也大得惊人，因此，以稍小的项目为对象，通过半天研讨会的形式把它作为最初的挑战其实是最合适的。从研讨会延伸扩大至设计图，再将实践经验逐渐应用到大型项目中去。

换言之，开发新事业的业务过程和创新项目，乃至研讨会的过程，在基本构造上是一致的。因此，如果最终目标是设计开发新业务的过程，那设计项目或举办研讨会也一样能得到想要的效果。所以，先将设计研讨会作为最初目标吧！（图 44）

那么设计研讨会时可以参考哪些信息呢？绘制“设计图”时最大的思考框架已经在第 3 章前半部分的图 14 进行了介绍。对于以怎样的顺序和目的调查图上的技术、市场、社会、人类等信息，又可以进行怎样的组合搭配，根据此图做模拟演练是比较有效的。

在此过程中，关于能作为设计图要素的方法论和过程已在第 3 章、第 4 章及第 5 章的案例中做了个别介绍。同时，也可以参考介绍个别提案和思考方法的书籍。但是，这里需要注意的是，将多个提案的方法论和过程整理成“统一理论”后形成的过程是基本不被采用的。重要的是在分解现有的方法论和过程后将其看作构成要素之一，并选取适合的内容应用于自己的设计中。

应该如何实现过程体制——目标指标是什么？

想要有效管理或者实施改革创新项目，必须从过程、组织体制、人才等方面出发进行考虑。首先从组织体制的角度出发比较现有业务与改革创新项目的区别。不过，这些内容并非只适用于项目，在创新活动成为今后的常规业务后也能加以应用。

如图 45 左图所示，现有业务的组织体制呈金字塔形，从上至下分别是①经营层、②管理层和③普通员工，日常工作就在这三个层级之间展开。组织目标一般是明确的，比如销售额或者利润等，基本上都可以用经营指标来表述。这些目标指标以数值表现为中心，但有时通过定性的表现具体分解后，就可以成为各个部门的目标。关于各部门的目标达成情况和实际工作中可能出现的问题，由于普通企业的经营管理指标是事先设定好的，所以上级部门就可以通过从上至下的管控做出指示，并解决问题。作为上级，他们可能经手过相同的业务，经历过相似的过程，而这些业务内容和过程有如人工卫星般在同一条轨道上不断旋转的特性，上级的决定也许并不能带来多大变化，却可能以建议的形式逐渐修正“卫星轨道”。另外，当普通员工遇到困难时也会向上司或者前辈请教，作为“经验丰富的人士”，上司和前辈也会立刻告知一些有用的知识和体验，通过重复这些成功体验，就能描绘出一条完美的卫星轨道。

但是，对于与事业开发相关的项目和业务如果按照这样的组织体制和思维方式进行管理设计是很难出成果的。图 45 右图展示的就是在以拿出成果为前提的改革创新项目等新事业开发业务中对组织体制和管理方式的认识。这与现有业务下的组织体制和管理方式相比，有何区别？虽然对新事业开发业务的组织架构已有基本定位，但是也能形成最高领导是项目负责人的其他结构。在该结构下展开的业务内容和过程没有像现有业务那样的卫星轨道，虽然也是向着一个方向推进的，但是在管理方式上必须要有所改变。

对目标的认识也必须有所变化。现有业务的销售额和利润都已设定了简单明了的经营指标，将其分解后就变成各个部门的年终目标，如果对这些数

现有业务

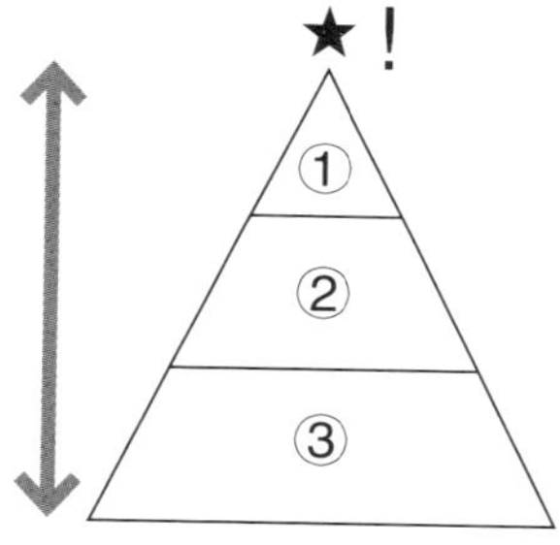

· 分解目标后得到各项管理指标

· 其动向具有周期循环性，故适合从上至下进行管控、评价

· 其主要结构从上至下可分为①经营层、②管理层、③普通员工

新开展业务

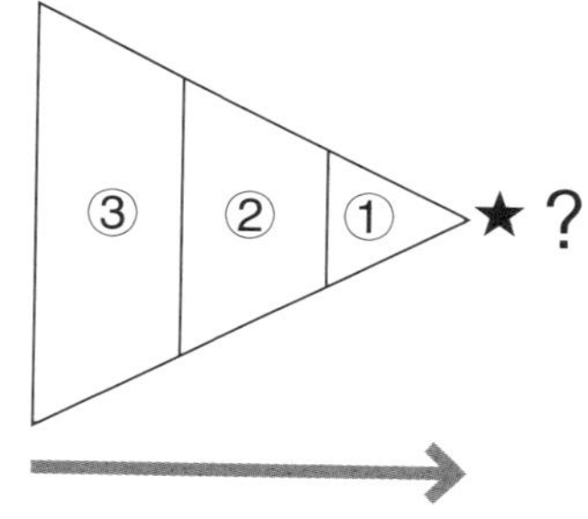

· 无法通过分解目标得到管理指标

· 其动向呈短暂性直线推进，不具备周期循环性，不适合从上至下、从后往前进行管控、评价

· 其主要机构从右至左分别为①核心成员、②辅助型成员及负责现有业务的成员、③普通员工。

图 45　新老业务之间在组织体制上的区别

字进行进一步分解，甚至能变成个人目标，这样就更便于运营管理了。对于新业务也能设定一个如“10 年后创值 500 亿日元”的目标，而且通常这个数字必须带有一定的特殊含义。但是，无论怎么分解这个数字，都无法将其变为提案项目或相关业务的工作任务单，也不能形成管理指标。单从文字来看是理所当然的，如果习惯了现有业务就会比较单纯地接受这种说法。但是如果将“10 年创值 500 亿日元”等作为事业目标后就不会再去设定项目管理上的目标了，这时有可能出现盲目提出方案的情况。

在改革创新项目中，如果以“10 年后达到 500 亿日元销售额”为目标，实际能用到的管理指标有“最终方案的数量”“提案总数”“与项目相关的人数、部门数量”“机会领域的数量”“市场机会规模和逻辑推算”“市场机会规模内所获取的预期市场规模”“实施采访数量”“产品、技术的分析数值”“用户的购买意向率”“各项工作任务时长”等。

大家可能对“各项工作任务时长”这个指标感到不协调，但新事业开发业务并不具备周期循环性，因为其成果在本质上具有不确定性，所以实际工作中经常会从“各项工作任务时长”上进行管理。例如，当某个任务实施一段时间后，会在一定的时间节点上得出最佳分析结果和方案，通过采用这些结果和方案，就能自动判断是否进入下一个任务环节。

支持新业务的辅助型体制

图 45 左侧的纵向金字塔图形表示，现有业务的经营管理一般是从①经营层、②管理层、③普通员工这三个层面出发考虑的。而右侧新业务的组织体制中当然也存在纵向的金字塔结构。但是新型业务的管理组织架构应该如

图 45 右侧的横向金字塔所示，最前面是①核心成员，中间是②辅助型成员，最后是跟项目没有直接关系的③普通员工。

核心成员通常由项目负责人、其下属、后辈和作为其上司的项目经理等组成。核心成员对项目负主要责任，其人数过多反而会降低整体的行动能力，故控制在 3~7 人为佳。

接下来我们将一边继续从事现有业务工作一边将协助推进项目的员工设定为“辅助成员”。辅助成员可以是倾听对象，也可以对项目的阶段性成果进行评价，只要与项目稍有关联就可以将其认定为辅助成员，将其人数控制在 20~50 人即可。在日常工作中，辅助成员还是以原有业务为主，基本不涉及项目上的工作，单独将其划分并特别称为“辅助成员”其实有很大的意义。在项目推进过程中，辅助成员可以为项目提供专业知识、建立工作联系网络，在方案提出后的实现阶段也可以期待他们的表现。将辅助成员一开始就定位为项目的“伙伴”，也是项目最终取得成功的有效保障。

核心成员在高速推进项目的过程中与其他人渐行渐远，普通员工又对项目一无所知，而辅助成员就成了两者之间的纽带，起到承前启后的作用。普通员工专心负责现有业务，他们以跟核心成员不同的思维方式、管理体制和评价指标开展工作。渐渐地，核心成员们的特立独行使得他们看起来像是整个组织的异类，而辅助成员也是为了防止这种两极分化而存在的。为了保障企业的稳定发展，核心成员势必要开展一些不可避免的活动，将活动氛围传递给普通员工甚至渗透至整个企业，这也是辅助成员的存在意义。

引领改革创新热潮的人才
——项目经理、项目负责人、项目成员的行动特性

下面我将从人才角度出发思考改革创新项目的经营管理模式。关于创新人才的必备要素，尤其是在技巧方面，在第 2 章通过 i. school 和经济产业省的调查结果、i. lab 公司内部案例进行了详细说明。以成为创新人才为目标的人通常已经制定了自己的职业规划，而作为经营层，在应该如何培养人才、培养怎样的人才方面还须提升分辨能力。

为组建项目选拔成员时，经营层可以应用本书第 2 章介绍的技巧和预期达标水平方面的内容。但是，对幸运地被选为项目成员或自己想成为项目成员的读者来说，即便理解了第 2 章的内容，也并不意味着就能提高能力，获得实践性知识。因此，对于项目候补成员来说，现阶段最实用的知识就是“行动特性”了。项目经理、项目负责人、项目成员这三种职务的行动特性各有不同，即使现在还不具备这样的特性，也可以通过项目的推进逐渐模仿，因此，比起了解技巧内容，还是掌握这些实践性知识来得更加实用。

关于项目成员的特性，这里想介绍一下第 5 章的案例、i. lab 其他项目的事例，以及从索尼、三井不动产、富士胶片等大型企业在 i. school 的演讲中得到的一些见解和看法。如果一个改革创新项目获得了较好的成绩，或者取得了提升组织活力、加速人才培养等次要成效，那么其项目经理、项目负责人、项目成员的行动特性是存在相同之处的。项目负责人的行动特性有其相似性，即便负责领域和所学专业都与客户企业的业务全然不同，甚至毫无涉猎，他们也仍然能采取相似的行动。

项目经理的行动特性

首先介绍为整个项目指明方向、随时确认进程，并同时承担保证项目品质职责的项目经理的行动特性。在实际的项目中，多由经营层、部长或课长来担任项目经理一职。

对方案好坏的评价，本质上并不是绝对的，一个优秀的项目经理就非常明白这一点。因此，他们会很有耐心地倾听、提问，并提供建设性的反馈信息。对富有创意的方案的评价，本质上具有不确定性。世界上最具权威的设计奖之一 Red Dot Design Award 的评审委员，也是仍旧活跃在第一线的商业体系设计师滨口秀司（monogoto CEO），列举了创新方案的三个条件。（参考资料 31）

- **有新意**
- **有实现可能**
- **能引发讨论**

例如，有人认为“这样好”，而有人认为“这样绝对不行”，能引发从某种意义上来说是极端评价的讨论就是第三个条件中的“能引发讨论”。因此，如果对一个方案的评价就是一句简单的“不错”，那说明可能该方案还远远没有达到创新的标准。总的来说，如果一个方案的评价为“不尽如人意”，那不管如何努力，用户多半也会得出相同的结论。

整个项目的推进往往以项目负责人为主，他们就像前锋一样，是整个项目的实际主导者，而项目经理的工作就是定期接受进度报告和进行问题商讨。当然，也需要参与讨论方案内容、发表评价和看法。在方案尚未完成的阶段，项目经理手头的信息本就比项目负责人要少，在这种情况下评价方案的好坏是一件难度极大的事情。而且，如前文所述，对创新方案的评价本质上就具有不确定性。

因此，项目经理的职责并不是判断方案的好坏，而是从各个角度提出问题，让项目负责人和项目成员们都能意识到方案的优点和缺点。自己感觉不好的方案，可能在别人看来却非常优秀，这样的情况时有发生。

假如项目经理对某个方案的评价是“没有任何价值”，但项目负责人和项目成员们对此不认同，在召集公司内外其他专家等人员进行综合测评后，反而得出了较高的评价，如此，想必对于项目经理的方案评价能力和今后提出的反馈意见，大家的认同度都会大打折扣。项目经理的职责并不是评价最终成果，而是以最大限度地激发成果的潜力为目的，虽然有时会有一些评论式言论，但是本质上是以提供建设性反馈意见为主的。

关于项目经理的定位，优秀的项目经理不仅是冲锋陷阵的项目负责人的坚实后盾，也是联系后方员工和上级领导的重要纽带。项目负责人需要拼尽全力地在各种不确定因素的影响下保证项目进程，所以有时难免与仍然负责现有业务的普通员工之间疏于交流，并且容易抱有这些普通员工真是死脑筋等负面情绪。这时候，就该既为前辈又为上司的项目经理发挥他应有的作用了。例如，引导大家认识到正是因为既有项目负责人的冲锋陷阵又有普通员工的后方支援，所以才能挑战开发新市场。项目经理要以身作则，让核心成员和普通员工看到，不管是现有业务还是即将开发的新业务，作为公司都会努力保证所有业务的稳定可持续发展，这是非常重要的一点。如果项目经理能以这样的角度考虑公司经营方面的问题，那就是其升任经营层或公司最高领导的时候了。

项目负责人的行动特性

能做出成绩的项目负责人都善于倾听。尤其是改革创新项目的负责人，虽然大家容易把他们想象成个性强势、我行我素的人，但是我所接触过，并且颇有建树的项目负责人都不是这种类型的。他们在积极听取旁人意见的同时，还会向他人寻求建议。而且，所谓倾听并不是囫囵吞枣，而是有目标地理解并建立自己的体系。“我了解的知识是这样的，听来的又是那样的，这样一来我的知识体系就会发生变化。”他们往往会在自己脑海中建立一个完整的知识体系架构，以便随时更新信息。

养成倾听的习惯也是有其背景和原因的，在改革创新项目的推进过程中，评价方案时往往会出现意见分歧，面对前辈或者领导的建议，我们容易陷入不知道什么是对、什么是错的困境。前辈们会根据他们自身的成功经验，热心地在实际工作方面给予直观性建议，但是，在项目负责人的工作本身就非常紧迫的情况下，如果照单全收，就无法对整个项目进行调整了。

虽然建议良多，但是不能把所有的建议都纳为己用，甚至照搬全抄，所以，要想做出成绩，身为项目负责人就必须学会对一众建议进行取舍选择。对于未选择的建议也并非完全无视，而是通过回顾自己所掌握的知识和经验对所有建议进行定位，并反复咀嚼、推敲。虽说要有所取舍，但并非是为了维护自己的观点和意见，在取舍的过程中，项目负责人需要摒弃自身原有的观点，选取适当的建议后，再建立起新的知识体系。也就是说，对于新的知识和体验不能囫囵吞枣、照单全收，应该将其与自身的知识体系比较后再得出新的结论。

项目负责人处于整个项目工作链的顶端，他们自信满满地承担着开山辟地的职责。在听取意见的时候他们可能比较客观，也会从整体角度出发接受一定的批评和建议，但等到了实际工作时可能会更偏重于主观性判断和自身直觉。另外，我在高频率地参加项目讨论的过程中注意到了一点，虽然项目负责人也会认真地进行深度思考，但是基本上他们的大脑都处在高速运转模式，其想法时常会“升级换代”。因此，从表面上来看，他们的意见和想法总是发生改变，一星期以后得出的结果也有可能跟上星期的结论完全不同。但是，就算言论和意见发生变化，项目目标的前进方向在本质上还是不变的，所以这里才用了“升级换代”这个词。项目负责人总是要站在整个项目的制高点来考虑问题，所以也可以感受到他们为整个项目开山辟地的满腔自信。

项目负责人具有这样一种强烈认知，即改革创新项目不像现有业务一般具有周期循环性，我们只能确定一个方向，并按照这个方向持续推进。所以，无论是个人还是组织，为了延续工作势头，有时候可能会太过拼命，为了避免这类情况发生，作为项目负责人会尽量营造既能鼓励自己也能增长周围人的士气，带领众人继续向前迈进。

项目成员的行动特性

一个项目中所占人数比例最高的就是“项目成员”。相较项目经理和项目负责人而言，项目成员一般都经验尚浅，年龄也相对较小。项目成员的行动特性很简单。

首先，项目成员要做好分内之事，这也是最重要的一点。任命项目经理和项目负责人时多会考虑此人过往的工作实绩或当时的具体情况，总而言之，这是一种必然结果。而项目成员的选拔则带有不确定性，他们是在任命项目经理和项目负责人之后，综合考虑项目目标、内容和工作情况等方面进行挑选的。各位从事商务工作的年轻朋友，如果想成为创新项目成员的候选人，一定要看准组建项目的时机，向项目经理和项目负责人展现自己较高的工作积极性和能力水平，并主动报名加入项目。当然，对于项目成员也要求达到一定的技能和能力，不过以我的经验，实际选拔项目成员时最看重的还是工作积极性这一点。

成功“潜入”项目，成为其中一员后，要时刻进行如果自己是项目负责人会如何想、如何做、如何说的模拟思考，并开展工作。同时要不断思考担任前锋的项目负责人的即时想法。具体开展工作时也要站在项目负责人的角度，思考如果自己是负责人该如何做，而且尽量要考虑得更全面、更超前。

能担任创新项目负责人的基本上都是该公司的精英人士，因此，揣摩其想法，从他的举手投足间进行预测，都将受益匪浅。创新项目不似具有周期循环性的纵向金字塔，而是向右呈阶段式推进，所以身为项目成员要在认认真真做好分内工作的基础上学习项目负责人的工作模式，当然不能仅停留在模仿上，而要将最终目标定为超越一直冲锋陷阵的项目负责人，比他想得更全面和具体。长此以往，该项目成员将极有可能成为今后的项目负责人。

认真、愉快地开展工作

最后，不管是项目经理，还是项目负责人，或是项目成员，都不要忘记在推进项目时做到劳逸结合。

当然，在娱乐的同时千万不能懈怠工作。

在推进项目的过程中，可能会对保持项目成立当初的干劲和注意力感到力不从心，或是对自己自信满满提出的方案被批得一文不值感到不知所措，或是认识到自己的渺小无力，为前所未有的失败感而焦躁、苦闷。开辟创新之路本就是前无古人之举，正因为它是这样充满挑战和刺激的冒险，你才会遭受诸多困境。

因此，当感到无法继续坚持的时候就需要放松身心，和项目成员们一起尽情享受冒险带来的喜悦。而且，并非人人都有机会去挑战这前所未有的改革创新工作，所以更需要好好品味这份特殊的幸运。

在此之后还请再次投入这见所未见、闻所未闻的改革创新工作中去，认真并愉快地在创新之路上继续奋进！

结 语

众所周知，我的专业领域是“改革创新”，兴趣也是如此。将兴趣作为工作，这是我们经常听到的一种说法。不过也有人对我说，不要将最感兴趣的事变成工作，但我的情况是创新是我唯一有兴趣的事，而我将这唯一的兴趣变成了我的工作。所以我既能惬意地生活，又能愉快地工作。从事创新工作的每一天都是那么新鲜和刺激。

我们时常会听到这样一句话：“只有危机感才能改变大型企业。”翻看过往案例可以看出，事实确实如此。但是因为危机感而工作，还要占用自己人生的大部分时间，这未免有些得不偿失了。相反，不要陷入危机感的泥沼，而要试着从创新带来的“快乐”和“新鲜刺激感”出发，推动大企业改革。经营层、管理层及普通员工要齐心协力地摒弃纵向金字塔模式，建立向右的阶段式工作体制，挑战创新工作，从而给整个企业带去因创新而带来的乐趣和新鲜刺激感。因此，诸如这般的工作方式、大型企业的变化走向，以及整个社会的应有状态才是我所乐见的。

本书的初衷就是希望大家能带着激动、愉快的心情开展创造性工作，帮助大家找到参与改革创新项目的契机。

不管是工作、兴趣，还是生活，对于脑海中永远充斥着“创新”的我来说，撰写本书需要感谢很多人、组织和环境等，在这里我虽不一一列举，但还是要表达我衷心的感谢。

当然，尤其要感谢在 i. lab 和 i. school 一起工作的同事们。i. school 的执行董事堀井秀之教授不仅在本书的撰写过程中给予颇多中肯建议，在构思能力、行动力和为人处世方面也带给我许多丰富新奇的知识和启发。还有 i. school 合伙创始人，现在的执行研究员田村大先生，与田村先生结识后，我经历了前所未有的知识洗礼和体验。从创立 i. lab 开始，新隼人先生和村越淳先生就给了我很多帮助，他们还一起参与了本书中方法论的构建和整理。而同在 i. lab 的寺田知彦先生和入江晋太朗先生一直协助我细化本书内容、整理参考资料等。此外，日本经济新闻社设计编辑部的大山繁树先生也全程参与此书的撰写，从内容构思到最后的一字一句，无一例外。想要感谢之人不胜枚举，在此再次向大家表示衷心的感谢。

东京大学 i. school 院长、i. lab 常务董事
横田幸信

参考资料

第 1 章

[1] IBM 公司研究并开发了人工智能系统“Watson”，2011 年 2 月 16 日，在美国著名的问答节目“Jeopardy!”中，“Watson”获得了最高奖金。参考 URL：http://www.ibm.com/smarterplanet/jp/ja/ibmwatson/quiz/。

[2] 迈克尔·奥斯本副教授撰写、发表了论文《雇用的未来》，文中列举了 10 年或 20 年后一些可通过电脑技术实现自动化而被时代所淘汰的职业。Frey,Carl Benedikt,and Michael A. Osborne. “*The future of employment:how susceptible are jobs to computerisation*”. Retrieved September 7(2013):2013。

[3] 2015 年 12 月 2 日，野村综合研究所和迈克尔·奥斯本副教授通过研究计算出关于日本国内 601 种职业可被人工智能和机器人替代的概率。结果显示，10 年或 20 年后，现日本劳动人口的 49% 将因此失业。参考 URL：http://www.nri.com/jp/news/2015/151202_1.aspx。

[4] 2013 年 8 月，作者在 TEDxTodai（现称 TEDxTokyo）上就“改革创新过程的构成”（Composing innovation process）发表讲话。参考 URL：http://www.youtube.com/watch?v=Xj5B5Ei7s_s。

[5] Wikipedia 上“创新”的定义。参考 URL：http://ja.wikipedia.org/wiki/innovation。

[6] 罗伯托·维甘提（2012）《设计力创新》，佐藤典司、岩谷昌树、八重樫文译，立命馆大学经营学专业 Design Management Lab 译，同友馆。

[7] 相田克太、筱田秀夫、高须玲二、原岛三郎（1975）《发明、发现的秘密》，学术研究社。

[8] 克莱顿·克里斯坦森（2000）《创新者的窘境：当技术革新破坏大型企业时》，玉田俊平太主编，伊豆原弓译，翔泳社。

[9] 克莱顿·克里斯坦森、迈克尔·雷纳（2003）《创新者的解答：追求营利性成长模式》，玉田俊平太主编，樱井裕子译，翔泳社。

[10] 克莱顿·克里斯坦森、斯科特·安东尼、埃里克·罗斯（2014）《创新者最后的解答》，玉田俊平太主编，樱井裕子译，翔泳社。

[11] 汤姆·凯利、乔纳森·利特曼（2002）《创新的艺术：世界顶级设计公司IDEO 如何创新》，铃木主税、秀冈尚子译，早川书房。

[12] Peter G. Rowe（1986）“*Design Thinking*”，The MIT Press.

译本：彼得·罗（1990）《设计思维》，奥山健二译，鹿岛出版社。

[13] 钱·金、勒妮·莫博涅（2005）《蓝海战略：创造没有竞争的世界》，有贺裕子译，兰登讲谈社。

[14] 经济产业省（2016）《2016 年版生产制造白皮书（根据生产制造基础技术振兴基本法第 8 条制成的年度报告）》，<http://www.meti.go.jp/report/whitepaper/mono/2016/>,（参照 2016-6-24）。

[15] 索尼公司的创新事业项目“Seed Acceleration Program”以提出更多能超越现有业务的优秀方案为目标，可以与平时鲜有接触的公司内外人士讨论未来形势，也可以进行天马行空的想象和思考。同时在 SAP 项目中一起制作试制品可以吸引其他企业各领域参与者的加入，通过创造性的深入对话，打造面向未来的“新型关系”，并提出“新方案”。加入 SAP 项目的参与者们为能够“同心协力、齐头并进”，还举办了“未来形势研讨会”。参考 URL：http://www.sony.co.jp/SonyInfo/diversity/activity/05_02.html。

[16] Qrio 是索尼公司和风投基金 WiL 共同设立的创业公司生产的智能机器人。官网：http://qrioinc.com。

[17] 2012 年 10 月 16 日，*Business Journal* 发表文章，公布 iPhone 内一半以上的零部件都是日本制造的。参考 URL：http://biz-journal.jp/2012/10/post_857.html。

第 2 章

[18] 2009 年，东京大学知识结构化中心主导的教育项目“东京大学 i. school”正式设立。官网：http://ischool.t.u-tokyo.ac.jp。

[19] 东京大学 i. school（2010）《东大式　改变世界的创新方法》，早川书房。

[20] 东京大学 i. school 和运用网络直播提供实时动画学习服务“schoo WEB-campus”的 Schoo 公司合作，从 2014 年 4 月开始为社会大众免费提供在线课程。参考 URL：http://schoo.jp/campaign/2014/tokyo_univ。

[21] 野村综合研究所（2013）《创造创新的“人才”和“组织”像》，《知识资产创造》（2013 年 1 月号）<http://www.nri.com/jp/opinion/chitekishisan/2013/pdf/cs20130103.pdf>,（参照 2016-6-24）。

第 3 章

[22] 迈克尔·波特（1982）《竞争战略》，土岐坤译，钻石出版社。

[23]“迈克尔·波特：竞争优势和战略优势”，《DIAMOND 哈佛商业评论杂志》，2011 年 6 月号，pp.8-13，钻石出版社。

[24] AQUA 公司（原海尔亚洲）发售了不用水而用空气（臭氧）来清洗衣物的功能性洗衣机、衣物空气清洗器“Racooon”（浣熊）。参考 URL：http://aqua-has.com/laundry/product/aqw01/SR1/。

[25] 2016 年，SUNSTAR 集团下的 oral care 公司推出了一款数码设备——“G・U・M PLAY”，它能配合刷牙的动作联动智能手机，让刷牙变成一件趣事。官网：http://www.gumplay.jp。

[26] 日本综合研究所未来设计实验室（2016）《寻找新事业的机会——“洞察未来”的教科书》，KADOKAWA。

[27] 鹫田祐一（2016）《KDDI 综合研究所丛书：洞察未来的思考方法——根据不同情况解决问题》，劲草书房。

[28] 三菱综合研究所（2016）《[三菱综合研究所研讨会]社会变换 × 设计 = 开发新事业的新形式》，<http://www.mri.co.jp/news/seminar/ippan/021540.html>，（参照 2016-6-24）。

[29] 2012 年 4 月，滨口秀司在“TEDxPortland”上做了主题为“打破偏见”（Break the bias）的报告。参考 URL：http://www.youtube.com/watch?v=6g2pMOYmyoQ。

[30] 2014 年，作为“共创未来”的据点，富士胶片公司设立的“开放式创新中心”

（Open Innovation Hub）通过融合其他广泛领域的知识和内容涉猎新的社会课题，同时，从技术角度发掘新的价值和想法，并让其与技术发生化学反应。官网：http://www.fujifilm.co.jp/rd/oih/。

第 4 章

[31] 该研讨会报告上有滨口先生关于创新方案的必要条件的个人想法和意见。参考 URL：http：//bizzine.jp/article/detail/18。

[32] 山口周（2013）《世界上最具创新性组织的建立方法》，光文社。

[33] 埃里克・里斯（2012）《精益创业：新创企业的成长思维》，井口耕二译，日经 BP 社。

[34] Ash Maurya（2012）《精益创业实战》，角征典译，日本 O'Reilly。

[35] Marc Stickdorn（2013）《这就是服务设计思考，基础、工具、案例：通过跨领域研究思维制定商业模式》，长谷川敦士、武山政直、渡边康太郎主编，乡司阳子译，BNN 出版社。

[36] 亚历山大・奥斯特瓦德(Alexander Osterwalder)，伊夫・皮尼厄(Yves Pigneur)（2012）《商业模式新生代：商业模式设计书》，小山龙介译，翔泳社。

[37] 2016 年 4 月，特斯拉公司的最新款电动汽车“Model 3”，仅发售 1 周就被预定了 325 000 台，1 个月获得 40 万台的订单，这简直是汽车行业的异象。

参考 URL：http://blog.btrax.com/jp/2016/05/25/model-3/。

[38] 索尼公司的“Life Space UX”是具有全新理念，通过应用“空间本身”给用户带来新体验的智能家居系列产品。

[39] 1991 年 Park24 公司（当时叫西川产业株式会社）的按小时收费的 24 小时自助缴费停车场 Times1 号场——“Times 上野”开业。当时的停车场行业只有包月停车场和店铺停车场，按小时收费的 24 小时自助缴费停车场的出现具有划时代意义。

参考 URL：http://times-info.net/info/charge.html。

第 5 章

[40] 日本经济新闻社设计编辑部（2015）《三菱重工集团 从一般民众视角研究新的供水基础设施方案》，<http://business.nikkeibp.co.jp/article/report/20150106/275857/?P=2>，（参考 2016-6-24）。

[41] 2.5.3：日立制作所《25 个征兆》，<http://www.hitachi.co.jp/rd/design/25future/>（参考 2016-6-24）。

[42] 2.5.3：日立制作所齐藤裕（2011）《日立眼中的未来智能城市》，<http://expo.nikkeibp.co.jp/scw/2011/conference/pdf/k5-7.pdf>，（参考 2016-6-24）。

第 6 章

[43] 日本经济产业省（2012）《高端人才研究会报告书》，<http://www.meti.go.jp/policy/economy/jinzai/frontier-jinzai/chosa/innovation23.pdf>，p.69，（参照 2016-6-24）。

[44] 日本经济产业省（2012）《高端人才研究会报告书》，<http://www.meti.go.jp/policy/economy/jinzai/frontier-jinzai/chosa/innovation23.pdf>，p.67，（参照 2016-6-24）。

[45] 日本德勤咨询公司（2016 年）《创新管理的实况调查 2016：我国企业关于“让创新思维扎根于组织内部的经营力”现状》，<http://www2.deloitte.com/content/dam/Deloitte/jp/Documents/strategy/cbs/jp-cbs-innovation-strategy-250216.pdf>,（参照 2016-6-24）。

[46] 在 2015 年 7 月 1 日的东洋经济 ONLINE 报道中，索尼公司表示将加快进程努力拓展新业务。主要措施有建立专门网站，在起步阶段公布方案、验证市场需求、进行营销测试，以及开通网购渠道。参考 URL：http://toyokeizai.net/articles/-/75386。

[47] 三井不动产（2016）《组织架构图》，<http://www.mitsuifudosan.co.jp/corporate/about_us/organization/?id=global>,（参照 2016-6-24）。

[48] 在 2015 年 10 月 30 日举行的第 7 次 innotalk 中请来的嘉宾是索尼公司的

小田岛伸至和田中章爱，他们就索尼公司的创新项目“Seed Acceleration Program（SAP）”的贡献发表了讲话。参考 URL：http://ischool.t.u-tokyo.ac.jp/archives/event-report/intk_report_oct30_15/。

[49] 在 2015 年 10 月 2 日举行的第 6 次 innotalk 中请来的嘉宾是三井不动产新兴事业部的光村圭一郎，他就三井不动产房产开发公司商业环境的变化、2014 年建立的联合办公区域“Clip 日本桥”，以及其他创新相关活动发表了讲话。参考 URL：http://ischool.t.u-tokyo.ac.jp/archives/event-report/2015-innotalk6/。

作者简介

横田幸信

东大发创新教育计划 i. school 董事、 i. lab 总经理。

NPO 法人 Motivation Maker 董事。九州大学理学院物理系毕业，九州大学研究生院理学府凝缩系科学专业硕士课程结业，东京大学研究生院工学系博士课程中途退学。曾从事野村综合研究所事业战略、组织改革、品牌战略等的经营咨询业务，结束东京大学尖端科学技术研究中心技术助理研究员工作后，即任现职。

他在东大发创新教育计划 i. school 担任董事，对活动整体进行管理。目前，为了研究专业的过程设计和管理方法的创新，他正致力于超越大学及产业界范围的咨询活动、实践研究和教育活动。